扫码，听芝麻讲科学故事

《芝麻大问号》编委会

芝麻的科学书

芝麻大问号 1

芝麻 编著

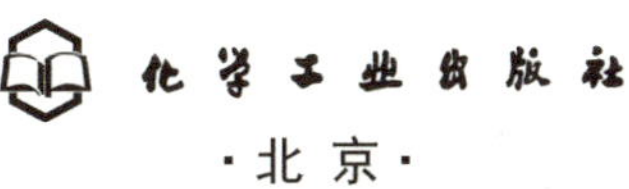

·北京·

本书是一本适合 7 ~ 12 岁少年儿童阅读的科普百科类图书，以央视著名少儿科普节目主持人芝麻解答新奇、有趣的科学问题为主要表现形式，书中精选了 40 个适合当代少年儿童知识水平和阅读习惯的科学问题，包括“这是真的吗”“动物的新鲜事”“身边的大问号”“植物通关密语”“世界未解之谜”和“科技超炫酷”等类别，通过芝麻风趣、生动甚至有些夸张的语言以及漂亮的图片，为小读者们讲解自然的奥秘、生活的诀窍，让他们感到科学原来是这么好玩、有趣，从而激发他们对科学的兴趣，培养他们探索科学的精神以及对自然万物的人文关怀。

图书在版编目（CIP）数据

芝麻大问号 1 / 芝麻编著. —北京：化学工业出版社，2014.4（2025.11重印）
ISBN 978-7-122-19994-2

Ⅰ.①芝… Ⅱ.①芝… Ⅲ.①科学知识-少儿读物 Ⅳ.①Z228.1

中国版本图书馆CIP数据核字(2014)第048208号

策　　划：刘海星
责任编辑：王向民　张素芳　王思慧
装帧设计：尹琳琳

出版发行：化学工业出版社（北京市东城区青年湖南街13号 邮政编码100011）
印　　装：北京天宇星印刷厂
880mm×1230mm 1/32 印张5 字数200千字
2025 年11月北京第1版第15次印刷

购书咨询：010-64518888　　售后服务：010-64518899
网　　址：http://www.cip.com.cn
凡购买本书，如有缺损质量问题，本社销售中心负责调换。

定　　价：25.00元

成长的必要一课

这本书我是抱着极大的热情并带着微笑看完的，我不得不说，在目前已经出版的大量青少年科普图书中，能让我有这样的耐心和兴趣读下去的书并不多。

现在，孩子的教育已成为每个家长无比上心的一件事，然而，并非只有学校的教学才是唯一重要的教育，与他人的交流、领导能力、团队协作能力、面对困难的应对方法、合理安排计划、必要的文史哲修养，等等，都是孩子成长过程中需要涉及的内容。当然，科普知识和科学精神更是必不可少的一课。

科普教育是一种社会教育，它涉及自然科学、社会科学等多方面的内容，同时它还是一种全民性的教育，无论孩子还是我们大人都需要接受这种教育。它是我们工作、学习和生活中都用得到的小贴士、大智慧，实用而且神奇。而科学研究和探索中提倡的那种务实、钻研、勤勉、坚韧的精神，更是孩子们从小应养成的习惯，只有这样才能让科学精神在他们的心中生根、发芽。无论家长对孩子们未来的规划是否与科学有关，让孩子们接受科普教育对他们今后的人生都是很有助益的，而一本既有趣又通俗易懂、包罗万象的儿童科普读物是启蒙的很好选择。

孩子们承载着万千父母的期望，同时也背负着祖国的期待，让他们快乐、健康地成长和全面发展是天下父母与祖国母亲的共同愿望，而科普无疑是其中非常必要的一课——请原谅我再次强调，因为事实早已证明，这真的很重要。我期待看到更多像本书这样适合孩子们阅读的科普书的问世，我相信孩子们也期待得到这样一本可以将他们的世界变得更加绚丽多彩的图书。

第十届全国人大常委会副委员长
中国关心下一代工作委员会主任
顾秀莲

世界到底有多奇妙？

亲爱的小读者们，现在你们手里的这一系列“大问号”，是大家最喜欢的芝麻特意为你们而写的。你们喜欢芝麻的有趣和聪明，但是大概不知道他为什么要写这么一系列书吧！“世界”，听起来又庞大又深奥，感觉是大人才能懂的事情，小朋友也可以看这样的书吗？

当然可以，因为我们生活在这个世界里，世界的奇妙，是无处不在的。

每天早晨，当你起床的时候，你有没有想过，太阳为什么总是从东边升起，又在西方落下？当你走在上学的路上，会不会思考，行道树是什么品种，那些枝头的鸟儿又有怎样的习性？还有，蚊子为什么要咬人，苍蝇为什么会传播疾病？家里的小狗为什么吐着舌头？就连你睡觉的时候，大自然都悄悄地藏在你身边，蟋蟀在窗外轻声地歌唱，还有些美丽的花儿，专门在夜里开放。

只不过，你们现在年龄还小，掌握的自然知识也有限，但你们终有一天会长大，成为对社会有用的人，有些人还能成为科学家或者自然学家。也许那时候，世界对你们来说仍然还有很多“为什么”“怎么办”和“不知道”，但是，请相信我吧，你们一定会觉得，世界真的是太奇妙了！

世界的秘密有多少？这些“大问号”会比电子游戏更加有意思吗？

当然是这样，芝麻在书里会告诉你很多有意思的知识，我们生活在这个美丽的地球上，如果你完全不懂这些秘密，那可真是太不好玩了。

其实，整个世界和整个宇宙，并不是有些小朋友认为的那么“遥远”，相反，它会让你知道很多有趣和吸引人的事。比如，世界上还有恐龙吗？很多小朋友都知道，没有了，那芝麻为什么会知道恐龙有多高？他是乱猜的吗？还是真的有一台能够穿越时光的机器，把芝麻送回了恐龙的时代？答案都不是，芝麻没有乱猜，更没有亲眼看到，而是科学家们提供了一种方法，使得我们就算没有见过恐龙，仍然能够推断出它们当时是怎么生活的。如果你想知道这个秘密，除了亲自去问芝麻，就只好翻开书来读一读了。

愿芝麻的书，能带给你们最大的快乐！

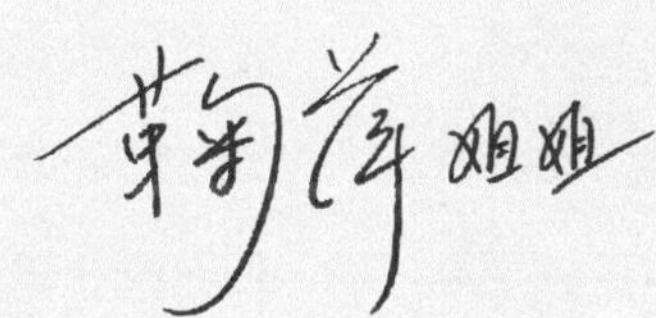

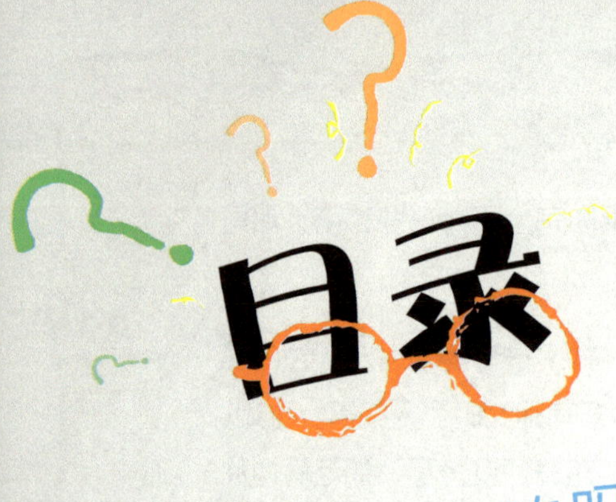

目录

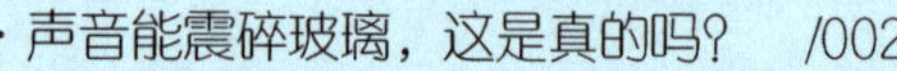

这是真的吗？

动物的新鲜事

身边的大问号

植物通关密语

世界未解之谜

科技超炫酷

这是真的吗？

人能被辣椒辣死，这是真的吗？

乳酪比牛奶更有营养，这是真的吗？

能吃的极品猫屎，这是真的吗？

声音能震碎玻璃，这是真的吗？

芝麻我喜欢唱歌，这可是我刚告诉你的小秘密哦！而且我最擅长的就是那著名的“海豚音”了。什么？说到“海豚音”，你最喜欢维塔斯？！我也是啊！

维塔斯是世界上最享有盛名的歌手之一，他能发出极高音调的“海豚音”。他开口唱歌时的声音浑然天成，高音部分更是有如天籁。不过喜爱科普的我印象最深的却是在维塔斯的一段MV中，我看到他的声音震碎了周围所有的玻璃制品。问题来了：声音能震碎玻璃，这是真的吗？

从物理学上讲，声音是能够震碎玻璃的。与世界上的任何物质一样，每片玻璃都有一个自然的共振频率，如果玻璃受到碰撞或者被某种刺激物打扰，它就会产生振动。声波就是一种常见的刺激物，玻璃酒杯尤其会受到声波的影响而产生振动，因为它们的形状是中空的，这也就是为什么当它们叮当作响的时候，会发出令人愉悦的环绕声的原因。如果有声音与此环绕声的音高相同，就会使玻璃周围的空气分子以其共振频率振动，引起玻璃的震动。如果这个声音足够大，而玻璃上又存在肉眼

无法看见的微小裂缝或者瑕疵，这种震动就会使这些微小的瑕疵或裂缝变大，从而使玻璃被震成碎片。

到底什么是共振呢？让芝麻我来举个例子：18 世纪中叶，一队士兵迈着威武雄壮、整齐划一的步伐走过法国里昂市附近的一座长约 102 米的大桥时，士兵们走步的频率正好与大桥固有的频率一致，使得大桥的振动不断加强，最终导致桥梁崩塌，士兵们伤亡惨重。后来，许多国家的军队都规定，在大队人马过桥时，要改齐步走为便步走。既然共振的威力这么大，那么，人的声音与玻璃容易产生共振吗？

其实，普通玻璃是混合物，其中有硅酸盐和大量的二氧化硅以及其他的杂质，不存在固有频率。但石英玻璃有固定的共振频率，一般在 20000 赫兹以上。人的声带频率一般不高于 2000 赫兹，因此很少能与玻璃产生共振而把玻璃震碎，但是有些音域特别宽的歌手，其声带频率可以达到和玻璃的共振频率很接近的数值，从而能够震碎玻璃。尽管这种现象十分罕见，不过在 2005 年，有一位名叫温德拉的歌星第一次证明了，不借助外力，人的声音确实可以震碎玻璃。

不过，芝麻我要事先声明，人的声音确实可以震碎玻璃，但这必须满足以下两个条件：首先，人发出的声音必须与玻璃的共振频率一致；其次，玻璃一定要存在肉眼看不见的瑕疵或裂口。在具备了这些外部条件之后，加上一点自己的运气，就能用声音震碎玻璃啦！

芝麻告诉你

2005 年，迪斯尼电视台请来了摇滚歌手兼发声教练杰米·温德拉，他尝试过 12 只酒杯，后来无意中幸运地击碎了一只，第一次证明了人的声音能击碎玻璃。他击碎玻璃的那一幕被拍成了电视。温德拉击碎玻璃的咏叹调被记录为 105 分贝，几乎和电钻钻物体的音量差不多。

现在，我要考考你们：我们知道，较大的噪声对人的生理与心理会产生不良影响。你知道，根据国际标准化组织 (ISO) 对工厂周围居民的调查结果，他们认为的干扰睡眠、休息的噪声级阈值在夜间是多少吗？

A. 50 分贝　B. 45 分贝　C. 40 分贝　D. 35 分贝

人能被辣椒辣死，这是真的吗？

如果让你选择一种最怕的食物，你会把票投给谁？如果让芝麻我选择，我的票一定属于辣椒！因为，辣椒辣死啦……

等等，辣椒真的会把人辣死吗？

现实生活中，不少人爱吃辣，他们一日三餐都希望能吃到带辣味的食物，总觉得越辣越好吃，怎么辣都不过分。有商家专门针对爱吃辣的顾客做文章，比如有的饭店或食品店推出了“变态辣”食物，顾客要是能吃就可以免费吃，甚至吃到一定程度还有奖励。相信不少爱吃辣的人都亲身尝试过。

事实上，辣椒辣死人的机会是很少的，但是过量摄入辣椒素却真的可能致命。辣椒素是辣椒的活性成分，辣椒素含量越高，辣椒越辣。辣椒素会刺激胃肠道黏膜，让胃肠道受损，而且辣椒素被人体吸收后，会进入血液，从而影响心脏的传导，诱发心血管疾病。另外，辣椒素还对肾脏有一定的伤害，从而影响肾功能。

听起来很可怕吧？不过我们也不用太担心，因为辣椒素并不是毒素，只有过量摄入才可能致命。注意，这里说的是辣椒素而不是辣椒。辣椒过辣的刺激作用会使人产生自我保护反应，比如停止进食辣椒、增加排泄等，因此，辣椒致死的情况极为罕见。

那么，如果吃辣椒的时候觉得难受，应该怎样缓解呢？大量喝水或者喝饮料有用吗？实验告诉我们，这些都是没用的，喝水或者喝饮料只能缓解辣味对舌尖神经的刺激，并不能中和辣椒素，也不能减轻辣椒素对人体内部脏器的刺激。

因此，爱吃辣的朋友在享受辣味的同时，一定要根据环境情况以及自身的耐受能力控制好尺度，不要逞强过度吃辣椒，有胃肠道慢性病、慢性肾病和心血管疾病的朋友，在吃辣椒时更需要注意适量。至于芝麻我嘛，就继续选择胆小一点，离辣椒，尤其是真的很辣的辣椒远一点，再远一点啦！

辣椒素难溶于水，所以不能靠喝水来中和，但它可溶于油脂类及乙醇，所以，吃含油的食物，如奶油面包、全脂牛奶或发泡奶油，都可以中和辣椒素，同时减轻口腔和喉咙中的灼热感。

现在，我要考考你们：你知道 2007 年年初《吉尼斯世界纪录大全》记载的“世界第一辣椒”是什么吗？

A. 印度断魂椒　　B. 墨西哥魔鬼椒
C. 英国纳加辣椒　　D. 中国海南灯笼椒

能吃的极品猫屎，这是真的吗？

注意，现在我们要讨论一个非常重要的话题，谁都想躲却又无法躲过的话题：请问，大便臭不臭？啊！肯定有人会捂着鼻子问我，芝麻，你怎么问这么恶心的问题啊？别急，我的问题现在才来：请问，有没有受人追捧、被人奉为人间美味的——大便？想知道答案吗，请往下看吧。

咳咳，大便知识，开讲啦："粪便"是动物的排泄物，提起来就很恶心，对吗？但是，有一种动物粪便人们却非常喜欢，而且价格还非常昂贵。这是真的吗？我查阅了大量的资料，最后发现竟然真的有这种粪便，那是谁的呢？猜到了吗，它竟然是猫的粪便——猫屎。对！没错，就是猫屎。别误会，能产出这种"极品猫屎"的并不是我们常见的宠物猫，而是一种生活在印度尼西亚的麝香猫。它们是一种小巧的杂食性

动物，长着尖尖的嘴巴，棕灰色的皮毛，样子还有点可爱。

麝香猫产生的猫屎能够卖钱，就是因为这种小动物喜欢吃印度尼西亚当地特产的咖啡果实，但它的消化系统只能消化咖啡果实的表面，果实内坚硬的咖啡豆则无法消化，便随粪便排泄出来。随粪便排出来的咖啡豆与以前相比有什么变化呢？根据研究人员的说法，麝香猫的消化液将咖啡果实中的蛋白质分解成了非常小的颗粒，这增加了咖啡在研磨过程中的香味，而且咖啡果实中一些特定的蛋白质经过麝香猫肠道的时候被过滤掉了，因此减少了咖啡的苦味。因为通过这个过程产生猫屎咖啡的生产方式很特别，产量又非常小，并且口味独特，所以价格很高。因此，在印度尼西亚咖啡成熟的季节，人们就有意地将麝香猫放入咖啡种植园，并四处寻找麝香猫的粪便，麝香猫的粪便也就成了稀罕之物，造就了这种“极品猫屎”。

这种经过麝香猫“加工”的“猫屎咖啡”，是世界上第二贵的咖啡，其售价始终在每千克1000美元左右，是名副其实的奢侈品。

芝麻大问号

大家或许不会想到，为了得到“极品猫屎”，一些人甚至出现了虐待动物的行为。据英国《每日邮报》报道，在菲律宾和印度尼西亚一些地区，人们为了获得高价麝香猫咖啡豆，残忍地将麝香猫关进窄小、肮脏的笼子内，给麝香猫喂食大量的咖啡果，以便产出更多的咖啡豆，麝香猫们因缺乏维生素和其他营养而面临严重的健康问题，几乎濒临崩溃。我觉得，一些人为了经济利益和个人享受，采取虐猫求粪的行为未免太残忍了。人们追求“极品猫屎”的口感无可厚非，但采取虐待动物的方式就不对了。

芝麻告诉你

麝香猫体内有一对发达的囊状芳香腺，能够分泌灵猫香。灵猫香的主要化学成分是 17- 巨环酮枣灵猫酮，是配制高级香精必不可少的定香剂，所以经由麝香猫体内排出的这种咖啡豆又会有一种独特的麝香气味。

现在，我要考考你们：你知道除了麝香猫的粪便能产出极品咖啡外，还有什么动物的粪便也能产出咖啡呢？

A. 狐狸　　B. 大象　　C. 鬣狗　　D. 老鼠

2011年，芝麻非常荣幸地受中国奶业协会的邀请，制作了以牛奶为主题的系列节目，参观并采访了很多奶牛场、牛奶加工厂，并了解了牛奶从产出到加工再到上市的全部过程，也从中找到了一些大家可能和我一样感兴趣但却不知道真正答案的问题，比如乳酪虽好吃，可是它会比牛奶更有营养吗？它能取代牛奶吗？

牛奶是奶牛的乳房分泌出来的乳汁，是最古老的天然饮品之一。乳酪则是以牛奶或其他动物奶为原料，经发酵、凝固、加热或挤压成型、成熟等过程制成的食物。两者都具有很高的营养价值，深受人们的喜爱。对于二者哪个营养价值更高的问题，有人认为乳酪比牛奶更有营养，这是真的吗？

如果将1千克牛奶和1千克乳酪做比较的话，乳酪的营养价值肯定远远高于牛奶。这是因为

10 千克的牛奶经过提炼、发酵，才能制成 1 千克的乳酪。因此乳酪中各种营养成分的含量比等量的牛奶要高得多。例如，每 100 克乳酪中含有 799 毫克的钙，大约是等量牛奶的 7 倍；每 100 克乳酪中含有 152 微克的维生素 A，大约是等量牛奶的 6 倍。就工艺而言，乳酪是发酵的牛奶；就营养而言，乳酪是浓缩的牛奶。

既然乳酪比牛奶更有营养，那么与牛奶相比，乳酪是否更适合中国人的体质呢？这个问题实在让芝麻我困惑了好久。为了调查明白，我翻阅了不少书籍，看过许多健康饮食节目。的确，有关专家教授特别指出，与牛奶相比，乳酪更适合中国人的体质。因为缺钙是中国人一个比较普遍的现象，而奶制品是食物补钙的首选，乳酪则正是奶制品中含钙比例最高的产品，而且乳酪中含有的高钙成分很容易被人体吸收。因此，对于孕期或更年期的女性及成长发育期的少年儿童而言，乳酪是最好的营养食品之一。此外，乳酪生产中，大多数乳糖随着乳清排出，余下的也都通过发酵作用形成了乳酸，因此乳酪也是乳糖不耐受症和糖尿病患者可选的营养食品之一。

不过，乳酪虽好，但吃多了不容易消化，因此肠胃不好的人和老年人不可过多食用。同时，乳酪是牛奶中高营养成分的提炼精华，其中所含的油脂成分偏高，对于老年人的消化系统也不利，还容易使人发胖。所以，乳酪虽好，但它还是不能代替牛奶的。爱吃甜食的你，也要注意啦！

芝麻告诉你

乳酪是乳糖不耐受症患者可选的营养食品之一。乳糖不耐受是指一部分人因体内缺乏乳糖酶，不能很好地吸收乳糖，甚至在食用乳糖后出现腹胀、腹痛、恶心等症状。乳糖不耐受在黑人以及黄种人群体中非常普遍。

现在，我要考考你们：你知道哪个国家是世界上出口乳酪最多的国家吗？

A. 英国　　B. 美国　　C. 荷兰　　D. 德国

遇到蛇站着不动就不会受到攻击，这是真的吗？

芝麻我的爱好之一是野外考察，而野外考察最经常碰到的事情是——遇到蛇！尽管我对这种看上去滑滑溜溜的小动物并不是特别害怕，不过我还是觉得自己的汗毛本能地向上竖起来了。如果你遇到这种情况，你会怎样选择？是原地不动，还是撒腿就跑？

许多人认为只要你在原地不动，蛇就看不见你。因为它的视力很差，你可以跟它躲猫猫。甚至在一些关于蛇的电影中，我们经常会看到，蛇朝主角爬过来，主角不动，蛇就看不见他，徘徊几圈后，没有攻击就离开了。有人说，蛇是近视眼，保持不动，它就不会攻击你。那么，遇到蛇只要站着不动就不会受到攻击，这是真的吗？

无论如何，如果你真的近距离见到蛇而只是站着不动，可能结果并不会太好。芝麻我的选择是——撒腿就跑！

为了验证"遇到蛇后只要站着不动就不会受到攻击"这一观点的真实性，科学家特地选取了毒蛇之中的五步蛇进行了实验。在实验中，在实验人员没有任何动作的情况下，五步蛇仍然突然发起了攻击！可见，遇蛇“站着不动”并不靠谱。研究爬行动物的专家表示，蛇的视力虽然不好，甚至可以被称为“睁眼瞎”。但是蛇的身体上有红外感应装置——颊窝，它可以通过温度的高低判断周围的情况并捕获猎物。人有体温，因此就算是一动不动，蛇也能准确地判断出人的位置，并且可以随时发动攻击。尤其是当人身处蛇的防御范围之内，使它感觉到危险和有可能受到侵犯的时候，就更易遭受攻击。

既然这样，芝麻我的“撒腿就跑法”无疑是野外遇到蛇时的最好办法。当你在野外有蛇出没的环境中游玩的时候，要记住穿厚厚的旅游鞋，还要穿上长裤子，最好把裤脚扎起来。即使做好了这些准备工作，当你和蛇狭路相逢的时候，最实用的处理办法还是迅速离开，不要做出任何攻击或者挑逗动作。无论是慢慢后退还是转身离开都没有问题。只要离开它的防御范围，它一般不会主动追人。

如果蛇追人，该怎么办呢？这种情况一旦发生，千万不要沿直线逃跑，因为蛇的直线加速很快，你跑不过它，可采取“之”字形路线。蛇的肺活量较小，爬行一段路程后，就会觉得力不从心。

我觉得，毒蛇虽然可怕，但没有必要“一朝被蛇咬，十年怕井绳”。我们应该多了解蛇的习性和防蛇措施，千万不要侵扰、挑逗或者过分靠近毒蛇，这样就能够确保自身平安无事啦。而且，很多蛇由于环境的变迁，正面临着我们人类的威胁。因此，保护蛇类物种并使其能够留存下去，也是我们人类的责任哦。

芝麻告诉你

一般来说，除眼镜蛇外，蛇一般不会主动攻击人。常常是人们无意间过分靠近蛇、侵扰到它甚至踩到它，才会导致它的防御行为——咬人。因此遇到蛇时，如果它不向你主动进攻，千万不要惊扰它。

现在，我要考考你：你知道中国已知的毒蛇有多少种吗？

A. 20 余种　B. 40 余种　C. 80 余种　D. 100 余种

想不想跟芝麻我来一场跑步比赛？要知道我可是科考界的“飞毛腿”哦。不仅如此,我还会“轻功”。嘿嘿！因为，如果要给小动物们拍照，你一定要小心翼翼地接近它，轻轻地按动快门。我在想，要是我能飞檐走壁就不会这么费事儿了。

在我们国家，很多人都喜欢读武侠小说，或者看功夫电影。在那些武侠题材的电视剧或者电影中，人们经常可以看到侠客使用轻功，一些侠客整天飞来飞去，一会儿草上飞，一会儿水上漂，一会儿飞檐走壁。飞檐走壁是一种重要的轻功形式。侠客能飞檐走壁，这是真的吗？

其实，武侠小说或武侠剧描写的都是寄托人们美好愿望的故事，虚构了江湖，夸大了功夫，侠客们的本领也被夸张了许多。但是负责任地说，真实的轻功确实是存在的。但在现实世界里，轻功没法让人在草上飞，也没法让人几步掠过湖面，更没法飞檐走壁，

不过，却有一些有趣的技巧，能够让受过训练的人很容易翻过很高的墙壁，甚至在垂直的墙壁上“走”一段距离。

我看过一些“轻功”表演，大多数都是利用奔跑向前的惯性，两脚在墙壁上做 1 ~ 3 次的蹬踏动作，两手顺势攀住墙顶，然后引体向上，顺势翻上墙顶。要做到这样的“飞檐走壁”需要借助一个支点，如墙角、岩壁之类的物体，和现在部队训练的翻越障碍差不多。简单来说，飞檐走壁只是身手敏捷的意思，没有着力点，凭空是飞不起来的。

要掌握控制着力点的技巧可不容易，传统的训练方法有很多，比如在竹筐里放上重物，通过让人日复一日地练习在筐沿上转圈而不掉下来的方式，训练平衡感。

那么经过这种特殊训练的人，真的能达到身轻如燕的地步吗？其实，与其说身轻如燕，不如说是经过训练，懂轻功的人在发力和自身肌肉组织的控制能力上有一些诀窍，通过这种控制，受过训练的人在做跑步、上楼这样一些日常动作的时候，会比一般人好很多，同时也会给人一种身轻如燕的感觉。

芝麻告诉你

现实生活中，不乏奇人奇事，宁夏石嘴山人葛强，被人们称为能“飞檐走壁”的人，这与他平时的勤学苦练是分不开的。1999年9月葛强成为中国入选上海基尼斯《中国奇人》的第一人。葛强的轻功专著《中华武术轻功——飞檐走壁》的出版发行，标志着我国历史上第一部关于轻功理论与训练专著的诞生。

现在，我要考考你们：我国的四大名著《水浒传》中，轻功了得，被称为“神行太保”的人是谁?

A. 戴宗　　B. 燕青　　C. 花荣　　D. 卢俊义

鹦鹉鱼睡觉的时候会织网，这是真的吗？

由于在野外科考养成的习惯，芝麻我睡觉时总是保持着警觉。只要稍有风吹草动，哪怕只是一根针落在地上，我都会立刻睁开双眼。我的一个科考队员朋友对我说："芝麻！你简直是一条鹦鹉鱼！"哈哈！这倒是让我想起了一个问题：鹦鹉鱼睡觉的时候会织网，这是真的吗？

鹦鹉鱼是一种体色鲜艳的热带鱼，生活在地中海的珊瑚礁海域，这种小鱼的腭齿硬化了，嘴部突出，看上去很像鹦鹉的嘴，加上满身让人眼花缭乱的色彩，因此人们就给它们起了这个名字。古希腊人把鹦鹉鱼当作珍品，不是因为它们的外表，而是看重其团结互助的精神。如果一条鹦鹉鱼不幸碰上了钓钩，它的伙伴会很快赶来帮忙，咬断鱼线，救出同伴；如果哪条冒失鬼钻进了鱼篓，小伙伴们会用牙齿咬住它的尾巴，拼命从缝隙里把它拉回来。所以人们一般很难捕获这种鱼。不过，我觉得它的另一个外号更加有趣——"穿睡衣的鱼"。奇怪吧！鱼的"睡衣"是什么样子呢？

放在人类社会里，鹦鹉鱼就是那种忧患意识特别强的人，白天遇到危险有同伴救助，到了晚上大家都睡着了，万一有危险该怎么办呢？于是，鹦鹉鱼们创造出鱼类世界的新发明——每天傍晚给自己织一件“睡衣”穿！

鹦鹉鱼织“睡衣”的过程很奇妙，有点像蜘蛛结网，更像蚕吐丝作茧。鹦鹉鱼们从嘴里吐出白色的丝，这些丝是用鳃盖下的腺体分泌出的黏液制造的，鹦鹉鱼用腹鳍和尾鳍合作，像心灵手巧的织女一样，织出一个从头到尾包裹全身的网子，这就是它们最时尚的网纹“睡衣”了！鹦鹉鱼想睡觉的时候就找好一个石洞，制作一件“睡衣”，然后裹在里面睡一个放心觉。

那么，鹦鹉鱼的“睡衣”为什么能保护它呢？从1959年开始，很多科学家都陆陆续续地提出了对这个问题的猜想：有的说这件“睡衣”是鹦鹉鱼的早期预警系统，当天敌靠近的时候，它可以尽快感知到，从而留出足够的反应时间；有的说这件“睡衣”可以遮掩鹦鹉鱼的气味，就像一件隐身衣；澳大利亚的科学家发现鹦鹉鱼的“睡衣”可能还具有蚊帐的功能，可以用来屏蔽血吸虫。虽然海水里没有蚊子，却有四处游动的血吸虫，专门在晚上发动攻击，鹦鹉鱼结网是为了保护自己免受虫叮之苦。这些研究结论到底对不对，可能只有鹦鹉鱼自己才知道答案。

制作一件“睡衣”需要消耗鹦鹉鱼一两个小时、若干黏液以及2.5%的身体能量，然而这件“睡衣”却是“一次性的”。每天晚上，鹦鹉鱼裹在“睡衣”里安安稳稳地睡一晚。第二天早晨，它们要把“睡衣”咬破，从里面钻出来，开始一天的生活。咬破的“睡衣”就不能再用了，到了晚上，鹦鹉鱼还要再织一件新的，它们就这样一件一件不厌其烦地编织着“睡衣”，度过一个个安全的夜晚。不过由于鹦鹉鱼织的网太牢，如果头天晚上没有吃饱或者生病了，第二天早晨它就没有足够的力气咬破“睡衣”，而其他的鹦鹉鱼会以为它还在贪睡，这个倒霉蛋就会永远地葬身于最安全的“睡衣”中了。

芝麻告诉你

自然界生存竞争激烈，如果麻痹大意就会有生命危险，所以很多动物在睡眠的时候都会保持“戒备状态”。比如，鸥和白鹭喜欢用一只脚站着睡觉，这对自身是个约束和警戒，以避免睡得太沉、太久；雁群警惕性更高，夜晚休息时总会派雁卫兵警戒守卫，一旦遇到危险就马上鸣叫报警；生长在山林中的刺猬势孤力单，睡觉都不敢平躺着，而是蜷成球形，只留两个鼻孔透气，变身成大刺球，使想要偷袭它的敌人望“球”兴叹；大象的鼻子十分娇嫩，最怕蚊蝇和蚂蚁钻进去捣乱，所以总是站着睡觉，以确保平安。

现在，我要考考你们：大家知道以下哪一项不是鱼类抵御寄生虫的办法吗？

A. 皮肤分泌带毒的物质　　B. 钻入沙中

C. 依靠鱼类“清洁工”　　D. 跳出水面

在图书馆的旧书架上，芝麻我发现了一本古老的书。1839年，达尔文发表了他的科学考察日记《小猎犬号航海记》，里面记载了达尔文乘船航行期间的见闻，其中提到一种有趣的海洋鱼类——刺鲀。还别说，热爱潜水的我还真的在珊瑚礁和刺鲀遇到过。我一下子想到了有位同学提出的问题：刺鲀会变身成"刺猬"，这是真的吗？

在中国古书里面，刺鲀有一个很威风的名字，叫作"鱼虎"。顾名思义，鱼中的老虎，它们确实是一种很凶悍的肉食性鱼类。

刺鲀广泛分布于全球的热带海域，在热带海藻和珊瑚礁附近生活，它们喜欢吃坚硬的珊瑚、贝类、虾蟹。刺鲀的外表很有特点，一对滴溜乱转的大眼睛，上下颌牙齿各自长成一个大板牙，组成一张像鸟喙一样强而有力的小嘴巴，椭

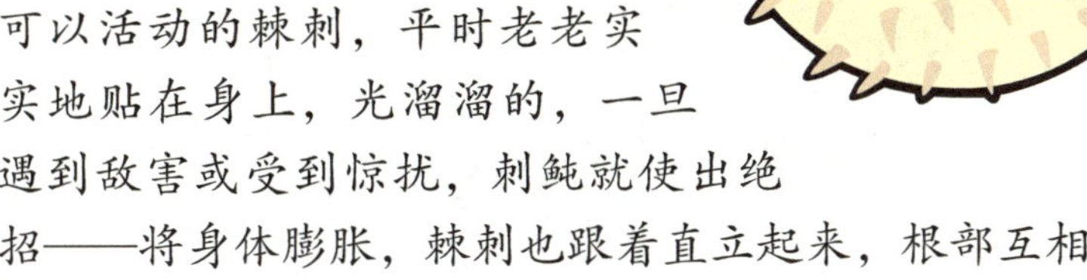

圆形胖胖的身体穿着一件带刺的“披风”，这些遍布全身的硬刺都是从鳞片演变而来的。可以说，刺鲀的鳞片就是可以活动的棘刺，平时老老实实地贴在身上，光溜溜的，一旦遇到敌害或受到惊扰，刺鲀就使出绝招——将身体膨胀，棘刺也跟着直立起来，根部互相连接，形成一副密不透风的盔甲，用来保护自己免受伤害。

那么,刺鲀是靠什么瞬间变身海洋“小刺猬”的呢?看上去很简单，就是急速大口地吞咽海水或空气，强大的水压使它全身迅速膨胀两三倍，同时竖起全身的棘刺，鼓成一个带刺的圆球，一个鹞子翻身，腹部朝上漂在水面上，天敌看见到口的食物忽然间变大了很多，不落荒而逃才怪呢！就算有胆子大的敌人，也根本无法把刺鲀吞进肚子。膨胀,翻身,现在我们就来看看刺鲀这个“魔术”到底是怎么完成的。

原来，刺鲀的皮肤分内外两层，其弹性、强度、硬度和真的皮球有一拼。外层皮肤薄而有弹性，膨胀时会很快变硬，成为刺鲀的武器和盔甲；内层皮肤褶皱多，有弹性，能帮助稳固外皮层的刺，防止自身受伤害。刺鲀的胃构造非常特殊，就像一条百褶裙，大大小小的皱褶叠在一起，最大的褶宽可达 3 毫米，最小的褶要在显微镜下才能看清楚。这样的胃已经把消化的责任交给小

肠了，它只负责泵水。当刺鲀感到威胁时，就把海水泵入胃中，皱褶被撑开之后，身体随之膨胀变成球形。这时，刺鲀的肝、肠和其他内脏都收缩在脊椎骨和膨胀的胃之间。所以，研究者给它起了个更准确的名字——“水泵鱼”。

刺鲀腹部的皮肤比背部松弛得多，所以膨胀起来的时候，腹部的变形比背部更厉害，于是这只刺球就总是腹部朝上。看上去很可笑吧？你可别小看它，刺鲀可是仰泳高手，它可以用这种腹部朝上的姿势向前游动，甚至向任何一个方向转弯，还可以通过喷出不同的水量来调节身体重心。不过，刺鲀保持膨胀姿态的时间并不长，当它用鳃孔和嘴用力将空气与水排出体外后，就又恢复原状了。

如此奇妙的防身术，是经历多少万年的进化，适应自然环境的结果，这使刺鲀能在强手如林的海洋生存竞争中保有一席之地。不过，正如魔术师避免不了失误，刺鲀也有表演失手的时候，海底世界的工作人员就曾亲眼目睹一只小刺鲀由于身体过度膨胀而无法恢复，最终导致死亡。刺鲀们，要多多练习，注意安全哦！

芝麻告诉你

别以为刺鲀只会消极防御，它们也会“防守反击”，甚至可以杀死鲨鱼。磨球鲀是刺鲀的一种，它们一旦进入鲨鱼体内，就会全身膨胀，在鲨鱼肚子里翻滚撕咬，直到咬破鲨鱼的肚皮，当鲨鱼剧痛翻滚的时候，附近的磨球鲀也会纷纷聚拢过来，和那条从鲨鱼肚子里突围成功的磨球鲀一起啄食鲨鱼尸体。不一会儿，不可一世的鲨鱼就只剩下一堆白骨了。

现在，我要考考你们：刺鲀是自我防御的高手，同时也具有一定的攻击能力，大家知道以下哪一项不是刺鲀的攻击手法吗?

A. 狠狠地啃咬对方　B. 远距离攻击发出奇怪响声震慑敌人

C. 长途跟踪猎物　　D. 用嘴巴“喷枪”进行远程攻击

章鱼是“瓶子收藏狂”，这是真的吗？

有一种动物，它古怪的样子和芝麻的发型有一拼，2010 年世界杯足球赛的时候还因为能预测比分而大放异彩，它就是章鱼。

提到章鱼，人们总会想到美味的章鱼小丸子，可是谁又知道，这个长着八条腿和一双大眼睛的家伙，其实是地球上与人类差异最大的生物，它的秘密生活和“小癖好”总是刷新着人们的认知，科学家们也会啧啧称奇。

章鱼有八条感觉灵敏的触腕，每条触腕上有 300 多个吸盘，每个吸盘的拉力足足有 1 牛顿，甚至能吸住比自己体重大 20 倍的石块呢。若是在水下遇到它，还是绕道而行吧，以免被缠住了无法脱身！

尽管如此，章鱼仍然是一种胆小而缺乏安全感的动物。它对周围环境极为警惕，即使在睡觉时，也总有一两条触腕在值班，值班的触腕在不停地向四周摆动，一旦接触到外界的任何东西，它都会立刻跳起来，喷出浓黑的“墨汁”掩藏自己并趁机逃跑。但它的“墨汁”对人是没有毒害作用的。

章鱼这种奇怪的行为是缘于它的自我保护意识，这种柔软的动物需要时刻寄居在一个狭小的空间里，比如瓶子、贝壳等。因此章鱼十分喜爱器皿，也可以说是嗜瓶如痴，无时无刻不在渴望藏身于空心的器皿中，凡是容器它都喜欢进驻栖身，就像一个孤单的孩子般四处寻求安全感。关于这样的例子有很多，人们曾在英吉利海峡打捞出一个容积只有9升、口径不足5厘米的瓶子，里面竟然藏着一只身粗超过30厘米的章鱼。在大西洋底的一艘沉没的货船上，发现了很多大大小小的双耳瓶和水罐，而几乎每一个瓶罐里面都会有一只章鱼，这艘巨型货船简直成了章鱼们栖身的别墅，在2000多年的时间里，它们的祖祖辈辈就这样繁衍生息在船舱里。失事飞机沉入海底后，其汽油箱也给章鱼提供了栖身之所。甚至，从地中海捞出的人头骨里面，也会藏着章鱼。

正是由于章鱼的这一嗜好，人们常常用瓦罐或瓶子这类空心的器皿捕捉章鱼。很多渔民习惯每天早上将各种形状的陶罐拴在长绳子上，然后再把它们沉入海底。过一段时间捞上来，只要在陶罐中撒一点盐，顽固栖身

于罐中的章鱼就会被赶出来，从而轻松将它们捕获。印度渔民也会用这个方法，只不过是用大海螺代替陶罐。更夸张的是，突尼斯渔民把排水管扔到海底，也能捕捉到章鱼。

看来，无论是人类还是动物，若是癖好太过明显，就会成为致命的弱点。

芝麻告诉你

说章鱼是海洋中的智者，一点也不过分。我想，你一定没有忘记 2010 年南非足球世界杯期间，那个神奇的预言家章鱼保罗吧？它预测了 14 场比赛，竟然猜对了 13 场，这么高的准确率，震惊了世界，令许多博彩公司都大跌眼镜。据研究，章鱼有很发达的眼睛，这是它与人类唯一的相似之处。它在其他方面与人有很大的不同：章鱼有三个心脏；两个记忆系统，一个是大脑记忆系统，另一个记忆系统则直接与吸盘相连。章鱼的大脑中有 5 亿个神经元，身上还有一些非常敏感的化学和触觉感受器，这种独特的神经构造使它具有超过一般动物的思维能力。看看，要不是因为章鱼的寿命太短，说不定它们能统治世界呢。

现在，我要考考你们：下面哪种动物与章鱼是近亲？

A. 蜘蛛　　B. 螃蟹　　C. 乌贼　　D. 海马

动物的新鲜事

臭鼬的“屁”到底有多臭？

鱼会跟镜子里的自己打架吗？

懒猴和考拉谁更懒？

臭鼬的"屁"到底有多臭?

如果吃了不好消化的东西你会怎么样?芝麻我绝不想让你难堪,毕竟那之后的气体行动是我们人类的自然反应嘛!虽然说到放屁会让许多同学尴尬,但是在自然界却有着这样一些以屁为武器的动物朋友,比如臭鼬。芝麻我想知道的是:臭鼬的"屁"到底有多臭?

在北美洲广袤的墨西哥、加拿大和美国,生活着一种体形大小如家猫的鼬科动物,它长着一身醒目的黑白相间的毛皮,看上去特别萌,却有一个不是很好听的名字——臭鼬。

为什么这种看上去挺可爱的小动物要被叫作"臭鼬"呢?是因为它全身上下都臭不可闻吗?

其实,臭鼬在绝大多数时候一点儿也不臭,但它的"屁"却是奇臭无比的"气味原子弹"。那么,臭鼬的"屁"到底有多臭呢?如果你没有闻过,那还是不要尝试了,因为臭鼬放出的"屁"的臭味在约800米的范围内都可以闻到!如果你近距离闻过了臭鼬的"屁"后,会头晕目眩、恶心呕吐,甚至会产生剧烈的疼痛感;如果眼睛被臭鼬的"屁"熏到了,就会流泪不止,有时还会出现

暂时的失明。最可怕的是，臭鼬的“屁”的气味一旦沾到身上，很长时间都难以消散干净，还会在你的眼睛、鼻子和嘴里留下异常的感觉，很多人都因为被臭鼬的“屁”袭击，而真的被臭晕过去了。

臭得如此恐怖的“屁”是如何形成的呢？

很多动物的体内都长有臭腺，臭腺能分泌具有恶臭的液体或气体，用来保护自己，而臭鼬则是自然界里臭腺最发达的动物。它的臭腺位于尾部的肛门附近，也就是直肠内的腺体里。当遇到敌害，警告不起作用时，臭鼬便会使用这个绝招来对付敌人。臭腺形成的“屁”实际上不是气体，而是一种琥珀色的液体，但是由于臭鼬在放屁时力气很大，让液体从细小的肛门里喷出，于是臭液便形成了细雾，看上去像是气体一样。科学家经研究后得出结论，这种液体的主要成分是硫化物，并且浓度极高，臭鼬平时就将这种液体存储于臭腺内，一旦需要，便马上喷射出来。

臭鼬的“屁”有这么大的威力，很多动物都不敢招惹它，比如美洲野猫、美洲豹等，就非常惧怕臭鼬的这个“杀伤性武器”，除非它们非常饥饿，否则一般都不会去吃臭鼬。但是，臭鼬还是有天敌的。飞翔在空中的鹰、鹫等猛禽就不害怕臭鼬的臭“屁”，它们经常从空中突然袭击，让臭鼬根本来不及施展放“屁”的本领，就被捉到空中再扔下来摔死了。更有一些自大的臭鼬把人类的汽车也当成了敌人，试图用臭“屁”赶走敌人，最后只能不幸被汽车撞死。

自然界永远是“强中更有强中手”的，看来就算是有“超级化学武器”的臭鼬，也不能“百战不殆”呢。

在森林里，美洲豹算得上捕猎高手了，但对于体形如家猫的小小臭鼬，它们却一般不会去招惹。因为它们聪明地意识到，与其让臭鼬的“屁”熏得自己头晕眼花、欲吐欲呕，倒不如与它和睦相处。

现在，我要考考你们：你知道除了臭鼬，还有什么动物体内长有臭腺吗？

A. 黄鼠狼　B. 老虎　C. 狮子　D. 大象

骆驼为什么被称为"沙漠之舟"？

你骑过骆驼吗？芝麻我骑过哦，在克拉玛依的魔鬼城，我骑在骆驼上，手扶着驼峰，那感觉太威风了。可是，骆驼毕竟没有马跑得快，为什么我们还要选择它作为坐骑呢？答案很简单，因为它叫——沙漠之舟！

"沙漠之舟"是一种很富有诗意的说法，想象一下，在一望无垠的茫茫沙海上，有一艘船可以载着我们平稳、安全、高速地抵达目的地，这该是多么幸运啊。"沙漠之舟"指的就是骆驼，这种古老的、温顺的动物是人类的好朋友，是帮助人们平安渡过沙海的船。

骆驼之所以能成为"沙漠之舟"，帮助人们在没有飞机、火车的过去，跨越寸草不生的沙漠，主要有以下三个原因：

首先是骆驼很强壮，它们平均可以驮起180千克以上的货物。无论在丝绸之路还是在茶马古道，骆驼都是人们可以信赖的交通工具。远渡重洋当然要用郑和的宝船，但渡过沙海，骆驼显然是人们的不二之选。

第二，骆驼有着超强的吃苦耐劳的能力。它们可运载着170～270千克东西，每天走约47千米的路，最高速度能达到差不多每小时16千米。骆驼还十分能耐饥渴，在吃饱喝足以后，可以十多天甚至更长时间不吃不喝，在极度缺水时，它们能将驼峰内的脂肪分解，产生所需的水和热量。不仅如此，骆驼的胃也是它们抵抗饥渴的利器。骆驼的胃有三室，胃室中有许多可以贮水的水脬，一旦遇到水源，它们可以大量进食、贮存。骆驼在水源地一次饮水可达57升，以便恢复体内的正常含水量。它们以梭梭、胡杨、沙拐枣等各种荒漠植物为食，吃沙漠和半干旱地区生长的几乎任何植物。

第三，常年的沙漠生活，使骆驼进化得十分适合在沙漠中生存，这是最关键的。骆驼的耳朵里有毛，能阻挡风沙的进入；骆驼有双重眼睑和浓密的长睫毛，可防止风沙进入眼睛；骆驼的鼻子还能自由关闭。沙地软软的，人脚踩上去很容易陷入，而骆驼的脚掌扁平，脚下有又厚又软的肉垫子，这样的脚掌使骆驼在沙地上行走自如，不会陷入沙中。骆驼的皮毛很厚实，冬天沙漠地带非常寒冷，骆驼的皮毛对保持体温极为有利。骆驼熟悉沙漠里的气候，在大风快要袭来时，它们就会跪下，旅行的人可以根据骆驼发出的警示预先做好准备。

简直可以说，骆驼是专为沙漠而生的，“沙漠之舟”的美誉名不虚传。

骆驼分为两种，一种是只有一个驼峰的单峰骆驼，它们比较高大，在沙漠中能走能跑，可以运货，也能驮人；另一种是有两个驼峰的双峰骆驼，它们四肢粗短，更适合在沙砾和雪地上行走。

现在，我要考考你们：骆驼奔跑的速度一般为时速十几千米，但在每年 12 月份的发情期间，公驼的奔跑速度会远远高于平时，它的时速会达到多少呢？

A. 10 ~ 20 千米　　B. 30 ~ 40 千米

C. 50 ~ 60 千米　　D. 70 ~ 80 千米

最近我迷上了养鱼。看着那些小鱼在鱼缸里自由自在地游来游去，芝麻我仿佛也置身于那透明清澈的水中，真是悠闲极了！可能你猜到了，我养鱼可不是为了放松和休闲，而是进行科学研究。因为我要研究的问题是：鱼会跟镜子里的自己打架吗？

你可能见过小猫咪跟镜子里的自己打闹，也可能见过小狗对镜子里的自己汪汪叫，还可能见过几个月的小宝宝跟镜子里的自己做鬼脸。但是，你见过跟镜子里的自己打架的鱼吗？世界上有没有一种小鱼，看到镜子，就会奋不顾身冲上前去，跟镜子里的自己打起架来呢？如果有，为什么小鱼会有这样的行为呢？

嘿，还真有。这种鱼叫斗鱼，光听名字，是不是就感觉到它的与众不同了？跟斗鸡、蟋蟀一样，斗鱼也是一种特别好斗的小动物。它们外形非常漂亮，颜色也十分鲜艳。根据外形可以将斗鱼分为两种，一种

是圆尾斗鱼，另一种是叉尾斗鱼。顾名思义，圆尾斗鱼就是尾巴圆圆的斗鱼，叉尾斗鱼就是尾巴叉开来的斗鱼。其中，原产于我国南部的叉尾斗鱼的战斗力比较强，它们不仅好斗、互斗，还会撕咬其他品种的热带鱼，所以最好单独饲养。

斗鱼好斗，战斗的时候也非常勇猛。如果你把一面镜子放到一尾雄斗鱼面前，它就会把镜子里的自己当作“敌人”，然后立即进入战斗状态。这条漂亮的小鱼会拼命竖起鱼鳍，鼓起鳃，朝镜子中的“敌人”不停地撞去，希望将对方赶出自己的地盘。不过，尽管雄斗鱼打架时非常残忍，它对自己的子女却爱护备至。勇敢好斗的斗鱼也想做一个好爸爸呢！

在众多品种的斗鱼之中，最擅斗的是暹罗斗鱼。这种来自泰国的小鱼生活在稻田和小水潭中，有的是红色的，有的是绿色的。雄鱼的争斗意识特别强，会为了抢占领地、争夺雌鱼等，与其他同类雄鱼进行激烈搏斗，有时甚至会导致死亡。

芝麻大问号

斗鱼的求爱也非常有意思。在生殖时期，斗鱼的雄鱼体色非常艳丽，并有一套求婚和筑巢的过程。产卵前，雄鱼先选择一处水面平静避风的地方，吐出黏液，像吹气球似的吹出小泡泡，然后将无数小泡黏附在一起，形成一个表面隆起或略平扁的浮巢。

当巢筑成后，雄鱼就会去向雌鱼求婚啦。美丽的雄鱼在雌鱼的周围不停地游来游去，激动地炫耀着，尽量把色彩鲜艳的鳍舒展开，在这个过程中，雄鱼的身体颜色也会变得特别鲜艳，身体和它所有的鳍都会像虹光似的灿烂。但如果雌鱼对雄鱼的求爱表现没有反应，雄鱼就会恼羞成怒，追逐雌鱼，一直到它被迫跳出水面脱逃为止。看来，在追求伴侣方面，斗鱼也很强势呀！

芝麻告诉你

斗鱼比较容易饲养，但是也要注意将水温保持在20℃到30℃之间，注意不要混养，更要注意及时换水。还有，饲养斗鱼的饵料要丰富多样，如丰年虫、孑孓、丝蚯蚓、水蚤等都是它们爱吃的美食呢。

现在，我要考考你们：如何分辨雌雄圆尾斗鱼？

A. 通过面部　B. 通过尾部　C. 通过生殖孔　D. 通过鱼鳍

苍蝇为什么飞得又快又稳?

芝麻我现在很懊恼，因为刚刚洗完的头发上来了不速之客——两只苍蝇，难道是因为我的头发用洗发剂洗得太香了吗？虽然我是那么爱护小动物，但是也忍无可忍了。可是，要用手抓到苍蝇简直比登天还难啊！真是奇怪了，苍蝇为什么飞得又快又稳呢？

对于我们来说，苍蝇实在是太常见的一种小昆虫，它们“口味很重”，不管是香、甜，还是酸、臭都喜欢爬上去“品尝”一番，因此传播了很多病菌，给我们带来了很多烦恼。尤其是在炎炎夏日，看到一只苍蝇在房间里飞来飞去的时候，你一定想马上把它消灭掉，但这谈何容易？苍蝇飞行的本领实在太强悍了，神出鬼没，总也打不着，实在是气死人了。

为什么苍蝇这么能飞呢？

苍蝇的这个“超能力”首先来自于它那轻薄的翅膀。苍蝇属于双翅目昆虫，有一对翅膀，这对翅膀十分发达，主要作用是通过不断上下振动，让身体获得上升的力量，使自己飞起来。据科学家们测量，当苍蝇飞行时，翅膀的振动频率可以达到每秒 330 次以上。振翅的频率

和飞行的速度是密不可分的，振动得越快，飞行速度就越快。所以，苍蝇飞得快是不需要质疑的事实。

那么，苍蝇为什么不会跌跌撞撞呢?

因为除了两只翅膀以外，苍蝇还有一对保持飞行平衡的“平衡棒”。但这对平衡棒很小，要是不仔细看，我们很难发现。但是这对小小的平衡棒对苍蝇的平稳飞行起到了很重要的作用，是它们既能高速飞行又能稳稳当当地躲开障碍，甚至能够像直升机那样在空中悬停的奥秘所在。

实际上，苍蝇的平衡棒是从后翅演化来的，主要是在飞行时起平衡作用。在苍蝇急速飞行或者要在飞行中大转弯甚至掉头的时候，这对棒状体的后翅就会高速地回旋,使苍蝇的身体保持平衡,从而维持其飞行的平稳度，保证苍蝇可以安全躲避障碍又不用减速。每当苍蝇进行飞行“特技表演”时，一旦它的身体发生倾斜、俯仰或偏离航向，平衡棒基部的感受器就会感受到这种变化，并向苍蝇的大脑报告。经过大脑分析后，苍蝇的小脑就命令平衡棒做出调整，把偏离的航向纠正过来。

当感应到有危险时，苍蝇能在 0.03 秒内平稳地直接起飞，并且在平衡棒和其他肌肉、神经的综合作用下，不断地校正其身体的姿态和航向，迅速前往预定目标，逃命去了。

在了解了苍蝇的飞行原理之后，芝麻我懊恼的情绪一下子消失了。小小的苍蝇居然有如此神奇的飞行器官。有了这样又快又稳的超级本领，就算人类可以制造机器人和火箭等高科技产品，却还是经常打不死一只讨厌的苍蝇。大自然对动物身体的改变，就是这么神奇。

芝麻告诉你

苍蝇不仅仅爱吃，其消化系统也是很发达的，平均每分钟要排便 4 ~ 5 次，从进食处理、吸收养分，到将废物排出，只需 7 ~ 11 秒，可以说是边吃边拉。这样的生活习惯让苍蝇能迅速排出细菌，以防被其侵蚀。可是，苍蝇飞来飞去，把这些细菌四处传播到人类生活的角落里，让人类吃了不少苦头，所以，苍蝇确实是传播疾病的世界级头号通缉犯。

现在，我要考考你们：你知道除了苍蝇，还有什么动物的翅膀能起到平衡棒的作用吗？

A. 蜻蜓　　B. 蚊子　　C. 麻雀　　D. 老鹰

懒猴和考拉谁更懒？

说到动物，男生一般喜欢威风凛凛的狮子老虎，女生一般喜欢善解人意的小猫小狗，至于芝麻我嘛，告诉你，凡是动物我都喜欢。我对下面说到的这两种动物比较感兴趣，它们虽不常见，但其憨态可掬的样子实在让人无法拒绝，它们就是考拉和懒猴。

在东南亚树林里缓慢移动的懒猴和在澳洲桉树上吃吃睡睡的考拉都是动物界中有名的“懒虫”，若是让它们比一下，到底谁更懒呢？

懒猴的“懒”绝对是名副其实的。白天人们一般是见不到它的，你要想找它，就去大树洞里翻翻，也许就能看到有个像球一样的动物蜷缩在

里面，呼呼大睡，那就是懒猴。只有等到天黑了，懒猴才会溜达出来觅食。而且这家伙不仅贪睡，行动还特别的缓慢，芝麻我对此做过一番观察，这家伙挪动一步，竟然需要12秒的时间，就这速度，乌龟和它赛跑也能稳操胜券。

和懒猴相比，来自澳洲的考拉的睡眠时间还要长得多。一天24小时，考拉可以睡到17～20个小时，而剩下的几个小时，才用来觅食、活动以及和其他考拉进行交流。“考拉”这个名字来源于古代土著文字，其真正的意思是“不喝水”，因为这家伙一生几乎从不下地饮水，主要从爱吃的桉树叶中获取水分，可谓是一位耐渴的好手。为了节省觅食的时间，它们的窝也搭在桉树上，每天过着吃了睡、睡了吃的幸福生活。无论在白天还是晚上，当它们处于属于自家范围的树上时，会自然地呈现出各种不同的睡姿——天气炎热，就摊开四肢来睡；天气变凉，便缩成一团来睡——毫无顾忌。我觉着猪在它们面前，都称得上是勤劳的了。

考拉不仅睡得多，它的反应也很慢。科学家曾做过实验，可能是因为它的反射弧特别长的原因，如果用手捏一下它，考拉要经过很久才会惊叫出声，想象一下，这场景真是太滑稽了。

介绍到这儿不知大家是否有了结论，我觉着要是比睡，考拉绝对是第一名；但要是比行动慢，懒猴也有资格坐上这“第一”的宝座。这场比“懒”的竞赛实在是难分上下，到底谁更懒一些，就交给大家来评判了。

芝麻告诉你

考拉长得十分可爱，一对毛茸茸的大耳朵，鼻子裸露且扁平。仔细观察的小朋友一定能够发现，考拉是没有尾巴的。但这并不是天生的，而是因为考拉太懒了，老是喜欢坐在树上，所以长年累月的，它的尾巴就变成了厚而密的皮毛，成为了它们的“坐垫”，并以此来保持平衡。

现在，我要考考你们：考拉最爱吃的桉树叶子其实是有毒的，但是可爱的考拉身上有一个器官可以分解这种毒素，并把它排出体外，你知道是哪个器官吗？

A. 肝脏　B. 肺　C. 胃　D. 肠子

温顺的长颈鹿会打架吗？

在众多的动物之中，我曾经花了很长一段时间研究长颈鹿。你一定会说,芝麻肯定是长颈鹿的粉丝。贴切！芝麻我确实对长颈鹿非常喜欢。因为我特别想知道的是：温顺的长颈鹿会打架吗？

在许多人眼中，长颈鹿那长长的脖子让人印象深刻。当它抬起头来的时候，最高的雄性长颈鹿身高可达6米，是陆地上当之无愧的身材最高的动物。这么大的个子，想要不被记住都难啊！

长颈鹿是非洲特有的动物，主要分布在埃塞俄比亚、苏丹、肯尼亚、坦桑尼亚和赞比亚等地区。在非洲热带、亚热带广阔的草原上，长颈鹿悠闲地散步、奔跑的样子，可以说是非洲大草原的经典场景之一。

不过，你知道吗，现在长颈鹿虽然仅分布于非洲，但古生物学家研究认为，它们的祖籍却在亚洲。

长颈鹿是谨慎、胆小的动物，每当遇到天敌时，它们会立即以72千米每小时的速度迅速逃走，万一跑不掉时，那铁锤似的巨蹄就成了保护自己很有力的武器，成年长颈鹿的蹄子足可以将狮子的肋骨踢断。你一定没想到温顺的长颈鹿居然这么“汉子”吧！确实，长颈鹿的样子和脾气并不太“兼容”，它们行动缓慢是因为身体实在太高，重心偏上，走路的时候可能会摔倒，所以需要加倍小心。因此，走路的温文尔雅并不代表长颈鹿是个好脾气的动物，一旦它们遇到危险，要踢踹的时候，就算狮子和猎豹也要退让几分呢——因此，长颈鹿和大象、犀牛是非洲大草原上最不容易受到攻击的动物。

长颈鹿虽然胆小，但是在雨季和旱季分明的非洲草原上，它们也有自己的领地。因为如果一个区域内集中了太多长颈鹿的话，在旱季里食物肯定不够吃。长颈鹿的领地不是先到先得，而是靠实力争来的。在非洲的卡拉哈里沙漠，就曾经发生过惊心动魄的长颈鹿领地大战。一头成年的长颈鹿在旱季里遇到了一头年轻力壮的长颈鹿“小伙子”的强力挑战。

我的好朋友，野生动物学家用摄像机记录下了这激动人心的画面。

你一定好奇，长颈鹿打架会用什么武器？难道是用自己长长的脖子吗？答对了！长颈鹿打架用的就是头和长长的脖子。它们会彼此不断用头和脖子去击打对方的脖子和胯部，直到另一方承受不住重击而倒地。在这场争斗中，成年长颈鹿“老斗士”在争斗初期被年轻长颈鹿“小伙子”屡次重击胯部，它终于站立不住倒了下去。趾高气扬的“小伙子”甩起头颅要给“老斗士”的脖子致命一击。我看到这里闭上了眼睛，这就是胜者为王的草原法则啊！

且慢！一切远没有结束。就在“小伙子”的头就要碰到“老斗士”的一刹那，这位“老斗士”居然轻轻一低头躲了过去，随后它用力摆动头部撞向“小伙子”细弱的长腿，“小伙子”还来不及反应就被掀翻在地。挑战失败的它只能灰溜溜地逃出了“老斗士”的领地。

我终于明白了什么叫“姜还是老的辣”了。别看“老斗士”体力不行，但是它在最后时刻的败中取胜真正证明了王者的力量。而“小伙子”经过这次的失败会不会卷土重来呢？我还真是很期待它能够从挫折中站起来呢！

芝麻告诉你

长颈鹿都是“高血压”。这是因为身高要求它们拥有比普通动物更高的血压，只有这样，心脏才能把血液输送到“远在天边”的大脑。不过它们并不会因为这种“高血压”而产生像人类一样的头晕症状哦，相反，如果血压不够高，长颈鹿可真要瘫软在地了！除了高血压之外，长颈鹿也被人称作“哑巴”，因为好像从来没谁听见过长颈鹿叫，甚至有人说长颈鹿根本没有声带。其实，长颈鹿不仅有声带，而且也会叫。但是它们的声带很特殊，中间有个浅沟，不太好发声；同时发声时也需要肺部、胸腔和膈肌的共同作用，但是长颈鹿的这些器官之间的距离太远了，所以长颈鹿要想叫出声来，还真得费些力气呢！

现在，我要考考你们：长颈鹿的血压是我们人类的几倍？

A. 10 倍　B. 100 倍　C. 20 倍　D. 3 倍

鸟类中最丑的是谁?

要说芝麻我最显著的标志当然是爆炸头喽! 不过有人说我的头上有一个鸟窝，也有人说我像是一只冠鸟。哈哈! 那可是最优雅的鸟啊! 说到这里，我想到了一个问题：鸟类中最丑的是谁?

大自然中不乏长相丑陋的动物，鸟类也不例外。叫声恼人的乌鸦? 草原清道夫秃鹫? 不对，这些鸟虽然相貌丑陋，但它们长得仍然不够离谱。地球上最丑的鸟是个十足的怪胎，它就是鼎鼎大名的鲸头鹳。鲸头鹳全身覆盖着石板灰色的羽毛，背部有绿色光泽，尾巴很短，头后有短羽冠，生活在非洲东部热带地区苏丹共和国和赞比亚的沼泽地带。

说它丑，是因为这种大鸟总让我们联想到很多丑陋的东西。首先，鲸头鹳那巨大的鸟喙，长约23厘米、宽约10厘米，看起来就像一只鞋，而且是一只大大的木鞋，完全破坏了比例上的美感。鲸头鹳的喙

实在太大了，它不得不将脑袋垂到胸前才能正常看东西。接下来要注意的是它的身体，它的体形庞大，平均有1.2米高，翅膀展开超过2米。庞大的体形使这种长相怪异的大鸟看上去更像一只大鼻子恐龙。确实，当鲸头鹳张开其硕大的嘴巴时，你会觉得它在阴鸷地“微笑”。再加上它头部的冠，以及睁得大大的眼珠子，简直像极了欧洲那些传说中的“恶龙”。

喙是鲸头鹳的捕猎工具，当鲸头鹳强大的上下两片喙夹住猎物时，简直就像钳子一样咬力十足。而且，鲸头鹳喙的顶端带有尖钩，边缘像刀一般锋利，不仅能杀死大鱼，甚至能穿透鳄鱼厚厚的皮肤。因此，除了主要以肺鱼、六须鲇鱼等鱼类为食外，鲸头鹳还可以吃掉小鳄鱼，同时它还吞食甲鱼，甚至连它的甲也能吞到肚子里，消化力之强，令人惊叹。

据芝麻我调查，鲸头鹳不仅长得丑，性格也十分冷酷。为了让强壮的幼鹳生存下去，成年的鲸头鹳会对幼鹳之间的厮杀视若无睹。那些身体虚弱的幼鹳通常会被它的亲兄弟用尖利的大嘴啄来啄去，直到最后倒在地上。

怎么样？鲸头鹳是不是可以被评为“最丑的鸟”？在我看来，这个答案未必会得到所有人的认可。毕竟，每个人都有自己的审美标准。也许鲸头鹳在人类眼里是一种丑陋的大鸟，但是在其他动物或者它们自己眼里，恰好是最漂亮和最充满魅力的。这也正是大自然的神奇之处。

芝麻告诉你

鲸头鹳的喙虽然为它提供了捕鱼利器，但是有时候鲸头鹳的捕鱼过程并不是那么顺利。运气好的时候，它可以轻易捕获一条鱼，但有的时候，它也会被水下的植物绊住，因此得先将身体从植物的缠绕中解脱出来，才能安心享受美食，甚至有的时候它只能得到满嘴的沙子或者水草。因此，跟所有的鸟类一样，并不是有锋利的喙就可以捕到食物，还需要技巧和运气。

现在，我要考考你们：你知道除了鲸头鹳生活在沼泽地区外，还有什么动物也生活在沼泽地区吗？

A. 白鳍豚　B. 乌贼　C. 鲸鱼　D. 黑颈鹤

海洋歌唱家是谁？

你喜欢潜水吗？芝麻我说的可不是趴在平静海面看鱼的浮潜，而是坐着像“蛟龙号”一样的潜水器到深海之中去探险。因为芝麻我要去寻找海洋里的歌唱家。

你可能会说海洋深处生活着美人鱼，她们上半身为美丽的少女模样，下半身却是鱼的样子。美人鱼外表美丽动人，歌声婉转哀伤，摄人心魄，她们常常在月夜利用歌声吸引年轻人下海，最后葬身海底……

传说虽然美好，但是从未有人见过真正的美人鱼，也没有人听过她们的歌声。芝麻我经过调查得出的结论是：在海洋的深处唱歌的是外形奇特的座头鲸。

座头鲸与其他的鲸类一样，都是海洋哺乳动物，它们的鳍状前肢有5米长，好像一双翅膀，所以又叫巨臂鲸；而在座头鲸潜水时，背部弓起很高，所以又叫弓背鲸或驼背鲸。不过，座头鲸最特别的本领还是会唱歌。

座头鲸的歌声悠扬悦耳，而且非常响亮，在水下能传到8000米以外，它们的歌节奏分明，抑扬顿挫，而且有一定的规律。更厉害的是，座头鲸发出声音并不是利用声带振动，而是通过体内空气流动产生的。人们不禁要问，座头鲸的歌声有没有什么实际意义呢？科学家们经过研究发现，座头鲸用以交流的“歌声”中包含有人类语言要素，段落、节奏感十分明显。因为会唱歌的座头鲸都是雄性的，科学家们有理由推断，这些歌很可能是求偶的表白。歌的种类则随着求偶季节而有所不同，并且一个族群的所有成员似乎都唱的是同一首歌，也就是说，座头鲸是可以互相学习的。不过关于这一点的细节尚不清楚，而歌的意思也不清楚。

座头鲸的歌声至今是个谜，等待着科学家们去破译。如果你喜欢座头鲸的歌声，那么等你长大后就去好好探究一下座头鲸歌声的秘密吧！

芝麻告诉你

米伽罗是一头罕见的白色座头鲸的名字，它于 1991 年首次在澳大利亚海域被发现。人们非常喜欢这头鲸，用“米伽罗”来称呼它。米伽罗是当地土著语“白色”的意思。米伽罗的罕见正是由于它的颜色——白色。它是至今人们在全球海域发现的唯一的一头白色座头鲸。2013 年 9 月，女摄影师珍妮在澳大利亚昆士兰州北部海域发现了可能是米伽罗的白色座头鲸，并在埃蒂湾附近为它拍下了许多美丽的照片。

现在，我要考考你们：雌性座头鲸多长时间生育一次？

A. 5 年　B. 2 年　C. 1.5 年　D. 1 年

身边的大问号

没有银幕也可以放电影吗？

为什么通常要用玉米做爆米花呢？

海鱼的肉为什么不是咸的？

没有银幕也可以放电影吗？

电影院放映动画电影了，小伙伴们特别开心，约芝麻我一起去看电影。看电影的时候，一个小伙伴小声地问了我一个奇怪的问题："电影都是在电影院里放映的，如果能在空气中放映电影那该多好啊，我们就可以随时随地看电影了。你说在空气中放电影能实现吗？"芝麻我一下子就来了兴趣，也小声地说："这个问题我还真关注过，我可以告诉你，这是可以实现的。"那个小伙伴一听特别兴奋，希望我能给他讲一讲。

那现在我就把那天说的话讲给大家一起听吧。其实一直以来，没有银幕的电影院、在空中就能够直接放映影片，就是我们的幻想啊。现在，日本的研究人员开发出了以天空为屏幕的新型放映机，我们曾经的梦想即将成真啦！研究人员开发成功了一种可显示立体影像的新型放映机，由于影片能够在空中直接放映，而以空气作为银幕本身就是立体的，因此，光线可以在空气银幕上显示出逼真的立体效果。而在普通的立体电影院里，看立体电影则需要通过专用的眼镜来观看平面银幕上的立体效果。

通过激光照射在空中，新型放映机可以在其上方1

米的高度显示文字和图像。比如，在演示中，只见放映机首先显示了一个闪亮的圆形，接着从 S 开始依次显示了“SOS”三个醒目的字母。除了放映静止的图像外，该放映机还能放映一个自右向左移动的箭头。不过，由于该视频每帧的摄像时间非常短，因此无法充分地拍摄到箭头的全部移动过程。尽管如此，人眼还是能够大致看出箭头的移动方向。

它的原理说起来比较复杂和具有专业性，但是也可以了解一下：新型空气放映机是通过其中的钕类 YAG 激光器振荡发出激光，通过光学透镜聚光，将空气中的氮气和氧气等离子化，从而发出明亮的光点。目前，它每秒只能进行 100 次的激光振荡，因此每秒只能连续显示约 20 个点的文字和图像。所以，目前的空气放映机只能显示蓝白色的光点，但是别急，研究人员可以通过改变激光的波长来实现多色显示。不过目前的放映机还不能像普通显示器那样，显示红、绿、蓝三原色和灰阶，因此暂时还不适合播放彩色影像。由于空气放映技术才刚刚起步，要达到像水幕电影那样的放映效果，或许得等到10年以后。所以别心急，等到了那时候，或许我们在夜晚的公园里就可以欣赏到逼真而又惊心动魄的立体影片了。

芝麻告诉你

电影是一门根据视觉暂留原理，运用照相以及录音手段，把外界事物的影像以及声音摄录在胶片上，通过放映和还原声音在银幕上造成活动影像以及同步声音以表现一定内容的技术。

现在，我要考考你们：在空气中放映电影，目前的缺点是什么？请你在下面三个选项中选择说法正确的一项。

A. 由于目前的放映机不能像普通显示器那样，显示红、绿、蓝三原色和灰阶，因此暂时还不适合播放彩色影像。

B. 人眼是看不清画面的。

C. 在空气中放映电影，其实不是真正意义上的电影。

地球上的水会用完吗?

和其他人比起来，芝麻我要用更多的水来洗头，因为我的头发多啊！当然了，如果有一天我们面临了水荒，芝麻可能就要剪掉头发了，目的是——节约用水。有的同学可能会说我危言耸听。是啊！地球上的水会用完吗?

宇宙中有许多星系，太阳系是其中的一个，而地球则是太阳系八大行星之中唯一被液态的水所覆盖的星球。水是一切生命的基础，是每一种生物都需要的物质，生命的代谢活动必须有水，人类生活、生产离不开水，可以说，水是地球上最重要的资源了。

那么，如果有一天，地球上的水用完了，人类是不是都会死去呢?

不必太担心，从理论上来讲，地球上的水是用不完的。

杯子里的水喝完就

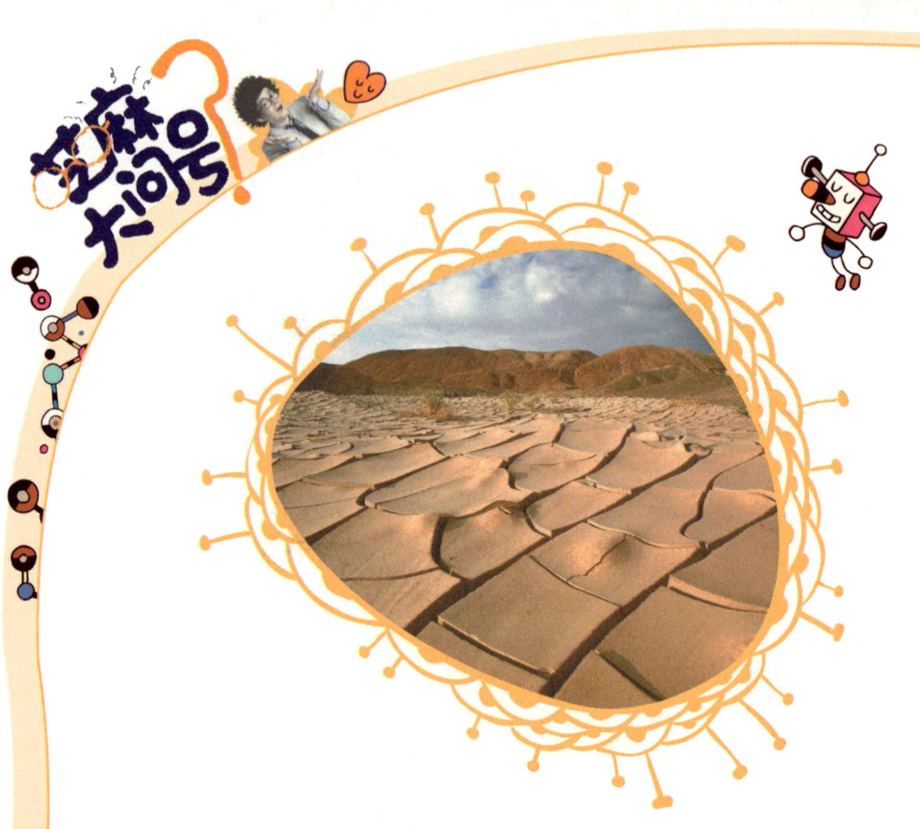

没有了，但是地球上的水不一样，它是一个循环系统，也就是说，这里多余的水会补充那里没有的水，比如，海洋和陆地之间的水交换就是这个循环系统里最主要的部分，意义也是最重大的。

在太阳热量的作用下，海洋表面的水蒸发到空气中，形成水汽，水汽随着地球大气层气流运动，一部分进入陆地上空，汇集在一起之后，随着季节、地形的不同，会变成雨雪等降水落下去；这些降水到达地面后渗入土壤，转化为地下水，保存在地表的就形成河流和湖泊。然而，无论地下还是地上的水，最终都会回到海洋里去——看，从海洋里来的水又回到了海洋里去，一个动态的水循环就这样完成了。在这一循环过程中，水的总量是不变的，只是在空间、时间、形态和成分上会发生微小的变化。

既然这样，那么人类是不是就不用担心用水的问题呢？

很遗憾，事实并非如此。

在地球上，并非所有的水都能被人类利用，为人类服务。人类能够利用的只有淡水，海水是无法饮用的，但海水偏偏又比淡水多。在有限的淡水资源中，人类能够直接开发和利用的，更是少之又少，有的淡水深藏在机器都无法触及的地下或者以冰川的形态存在。

如果地球上所有的水相当于一杯水的话，所有淡水就是这一杯水中的一勺，而可供人类直接利用的淡水只相当于一勺中的一滴。而且，由于人类浪费水资源、污染水资源以及气候变化等原因，目前世界上已有许多国家和地区淡水告急，连普通生活都无法满足，甚至非洲和中东地区的有些国家严重缺水到危及人类生存的程度，造成了战争和死亡的可怕后果。

芝麻大问号

如果人们浪费和污染水资源的速度超过了水循环的速度，地球上原本“用不完”的水就可能被“用完了”。所以每个人都应该养成很好的节水意识，把水看作大自然和宇宙给地球人的最好的馈赠，让我们珍惜水，并且参与到节水的行动中来吧！

芝麻告诉你

在地球上，人类能利用的淡水资源包括冰川水、地下淡水和其他淡水，其他淡水主要包括河流水、湖泊水、沼泽水和大气水等。其中，大气层中的水汽无法直接被利用，冰川中的淡水也无法被人类直接利用。然而，地球淡水的主体却正是冰川，约占全球淡水总量的三分之二。可见，地球上可供人类直接开发利用的淡水资源十分有限。

现在，我要考考你们：我们已经知道地球上人们能利用的淡水资源总量在水资源总量中只占很少一部分，那么，陆地淡水资源在水资源中所占的比重究竟是多少呢？

A. 2.53%　　B. 3.53%　　C. 4.53%　　D. 5.53%

为什么通常要用玉米做爆米花呢？

看电影时的绝配零食是什么？你的答案会不会跟芝麻我一样——爆米花！

作为零食，爆米花很受年轻人欢迎。路边爆米花出炉时“嘭”的声响和那喷香的味道，至今仍是许多人美好的回忆。现在，经常有朋友在超市里买袋装的玉米粒，然后回家在微波炉里做爆米花，街头巷尾那种老式爆米花机都不怎么常见了。不知道在享受香脆的爆米花时，你是否想过，为什么通常要用玉米来做爆米花呢？

芝麻我告诉你，这是因为玉米粒内部含有水分和淀

粉，玉米粒外包着硬壳，玉米粒的这种构造特别适合做膨化食品，因此能够爆出松软的米花来。当玉米粒被加热时，其内部的水分会汽化膨胀，导致玉米粒内部形成一定的压力，刚开始加热的时候，玉米粒内部形成的压力被坚硬、结实的外壳束缚着，如果它内部所含水分的比例适当，当内部压力增加到玉米粒外壳无法承受时，玉米粒就会爆炸，蓬松的爆米花就被爆出来了。

在享受爆米花的美味时，你是否注意过爆米花内部松软的白色部分呢？你知道这是什么，又是如何形成的吗？

经过多次试验和研究，芝麻我终于调查清楚了，这些白色的松软固体就是玉米粒内部的淀粉。当玉米粒内部的水分汽化膨胀时，淀粉也一样在膨胀，它会形成一堆堆的泡泡，这就是玉米粒爆炸形成爆米花以后，我们所看到的松软的白色部分。

玉米要变成爆米花，除了具备内部条件，也就是适当比例的水分、淀粉和坚硬的外壳外，还需要外部条件的支持。还记得做爆米花的老式铁炉子吗？或者现今常用的微波炉，无论使用什么工具，都为玉米粒爆炸提供了温度与压力，只有内外部条件都满足了，才能将玉米爆出美味的米花来。

芝麻告诉你

世界上有一种专门做爆米花的玉米类型——爆裂玉米，起源于美洲的墨西哥、秘鲁、智利沿安第斯山麓的广大地区。爆裂玉米的果穗和子实都比较小，其成分几乎全为角质淀粉，结构紧实，坚硬透明。爆裂玉米有麦粒型和珍珠型两种，籽粒颜色有白色、黄色、紫色等，也有带红色斑纹的。在籽粒含水量适当时加热，能爆裂出大于原体积十几倍的爆米花。

现在，我要考考你们：你知道全球玉米产量最大的是哪个国家吗？

A. 德国　　B. 英国　　C. 美国　　D. 中国

人为什么要放屁？

请问你在什么时候会感到尴尬？关于这个问题，芝麻我马上就会有答案——在公众场所放屁！在拥挤的电梯里、行进的公交车和地铁上、正在上课的教室里、正在开会的会议室……在这些地方，我们忽然感觉肚子给了我们一个信号——要放屁！我们马上就会紧张起来，这个屁会很响？哇，不要！那，这个屁不响，但是，它很臭！哇！更不要！每到这个时候，你会不会有这样的想法，我们干吗要放屁呀？现在，芝麻我就来告诉你，放屁，可是一件非常重要的事！

放屁，这个不雅的举止在很多场合给当事人带来了尴尬和难堪，可是人们谁也没办法完全从生活中隔绝它，屁就像个顽皮的孩子，有的时候搞突然袭击，有的时候搞疲劳战术，最终失败的都是你，或者毫无准备地放了个屁，或者忍了半天还是放了个屁。那么，人为什么一定要放屁呢?

就像我们每天都要吃饭、睡觉、大小便一样，放屁也是人正常的生理现象之一。简单地说，就是人体通过消化道排出臭气。消化道就像一条下水道，废气相当于脏水，不断产生积累，也需要不断及时排走。正常人的消化道通常保持有 120 ~ 150 毫升的气体，而每天从这里路过的气体总量最多可以达到三四升！想象一下，这么大体积的气体，已经足够吹满一个大号气球啦！体内有这么多废气需要排放，假如一个人一天不放屁，他的肚子肯定就胀成一个大鼓包了。你可能会奇怪，人体内哪儿来的这么多气体呢？答案是这样的，人体内的气体一部分来自我们呼吸、讲话和吞咽东西时进入体内的空气，另一部分是我们吃下去的食物在消化道里经过细菌发酵分解产生的气体。也许有人会问，气体既然密度很轻，能不能往上浮，然后从口腔排出去呢？我们不是也经常打嗝吗？其实，随着消化道的蠕动，吞咽下去

的气体只能随着食物逐渐往下排，除非蠕动停止，气体才有机会上升，但是消化道是迂回曲折的，还常常被堵住，这些气体跑不了太远。在胃、肠蠕动过程中，气体比其他成分更容易移动，小气泡相碰融合成大气泡，大气泡抵达直肠，在压力下，随着肛门括约肌的一阵颤动，“噗”的一声排出体外，这就是屁了。

常言道：“响屁不臭，臭屁不响。”声音的大小取决于气体的量、排出的速度和括约肌的紧缩程度，一般情况下，如果来自吞下去的空气，屁的主要成分是氮气和二氧化碳，如果没有掺杂其他成分，就不会有气味，但是量会比较大，很容易出声；如果主要来自细菌发酵过程中产生的气体，此时气体量很小，容易悄悄地排出来，但是其中夹杂着硫化氢、吲哚和粪臭素，这些物质是产生臭味的“罪魁”，而人类的嗅觉对这些气体特别敏感，所以，大庭广众之下，只要有人偷偷放了臭屁，人们就能迅速发觉，掩住鼻子喊：臭！

“噗”，没关系，你可以大大方方地一笑了之，因为放屁是肠道正常运行的一种表现，说明你的肠胃是健康的。科学家指出，一个人每天要放屁大约 14 次，释放废气 500 毫升左右。只要人活着并且身体健康就会放屁。相反，如果不放屁，那可是异常现象，要赶紧去看看医生了。

芝麻告诉你

屁的多少直接和你的饮食习惯有关。洋葱、生姜、生蒜、薯类、甜食、豆类和面食，这类食物容易使肠腔产气过多，导致废气大增、放屁不断，适当减少淀粉类食物，增加蛋白质、蔬菜类食物，可以使身体的排气量保持平衡。但是，如果蛋白质摄入过量，放出的屁一定很臭。另外，尽量做到少量多餐，不要暴饮暴食，吃东西时应细嚼慢咽，以免一起吃下太多空气，这也是一种有效的调节手段。

现在，我要考考你们：在你喝水、吃饭的时候，不知不觉地也在把空气吃进体内，你知道每次吞咽的时候一般要吞下大约多少空气吗?

A. 2 ~ 3 毫升　　B. 20 ~ 30 毫升

C. 200 ~ 300 毫升　　D. 2000 ~ 3000 毫升

蓝牙音箱是怎样连接手机工作的?

芝麻我非常喜欢音乐，在家里用音响听音乐是一种放松，更是一种美的享受。可我经常出差，出门在外，不能背着音响到处跑吧！什么？带个音箱？现在各种充电器都能装一个大包，再带上音箱是很麻烦的。但现在，问题解决了，因为我有了新的蓝牙音箱！哈哈，音质很棒，体积很小，还不用线，不论何时何地都能放出优美的音乐，连接手机或 iPad 等设备还能接电话、看电影，真是太方便了！等等，这蓝牙音箱究竟是怎么工作的呢？听我给你慢慢道来。

你现在看到的这只小音箱叫作“蓝牙音箱”，蓝牙音箱指的是内置蓝牙芯片，以蓝牙连接取代传统线材连接的音响设备。它能与手机、平板电脑、笔记本电脑等

内置的蓝牙播放设备进行方便快捷的连接。目前，蓝牙音箱以便携音箱为主，就像你所看到的一样，外形一般较为小巧，这样方便携带。蓝牙技术应用在传统数码和多媒体音箱上，使我们可以免除那些外露电线的牵绊，自由自在地以各种方式聆听音乐。看得出来，蓝牙技术让音箱无线化已经变为了现实。

那么，蓝牙又是什么呢？这个问题如果你搞不懂，就不会明白蓝牙音箱是如何连接到手机上的。蓝牙是一种支持设备短距离通信的无线电技术，一般信号接收范围在 10 米以内，能在诸如移动电话、无线耳机、笔记本电脑、相关外设等众多设备之间进行无线信息交换。所以，我只需要打开手机里的蓝牙设备，再打开蓝牙音箱，手机里的蓝牙设备就会自动搜寻到蓝牙音箱传送的蓝牙信号，二者连接后，用手机播放音乐时，音频就会通过蓝牙信号在蓝牙音箱上播放出来。这样看来，利用“蓝牙”技术可以使数据传输变得更加迅速、高效哟。

芝麻告诉你

蓝牙这个名称来自于10世纪的一位丹麦国王——哈拉尔蓝牙王。因为这个国王喜欢吃蓝莓，牙龈每天都是蓝色的，所以被称为蓝牙。在1998年2月，由爱立信、诺基亚、IBM、东芝及Intel五大跨国公司组成了一个科技攻关组织，其目标是开发一个全球性的小范围无线通信技术，即现在的蓝牙技术。在这个组织筹备阶段，需要一个极具表现力的名字来命名这项高新技术，他们经过一夜关于欧洲历史和未来无线技术发展的讨论后，认为用这位丹麦国王的名字命名再合适不过了。因为他曾经将现在的挪威、瑞典和丹麦统一了起来；而且口齿伶俐、善于交际，就如同这项即将面世的技术——允许不同工业领域之间的协调工作，保持各个系统领域之间的良好交流，例如计算机、手机和汽车设备之间的工作。于是，这项技术的名字就这么被定下来了。

现在，我要考考你们："蓝牙"为什么被称为"蓝牙"，下面三种说法中，哪个是正确的?

A. 因为哈拉尔蓝牙王喜欢吃蓝莓，牙龈每天都是蓝色的，所以被称为蓝牙。

B. 因为哈拉尔蓝牙王曾经将挪威、瑞典和丹麦统一了起来；而且他口齿伶俐、善于交际。就如同这项技术的特点一样，所以用这位国王的"外号"来命名，被称为蓝牙。

C. "蓝牙"这个称谓跟牙龈的颜色没有什么关系，只是有趣的叫法而已，甚至可以称为"红牙"或"绿牙"。

蜜蜂的蜂巢为什么是六边形的？

有一种形状，非常受大自然的青睐，接下来芝麻我来考考大家，请问，你身边的东西，什么是六边形的？你一定会给出很多答案，比如，足球上的花纹、六角螺丝钉的帽和螺母等。那自然界中呢？对啦！无一例外的六角形雪花、近乎六边形的龟壳花纹，当然还有一样更特别，它可是一种昆虫自己做出的“工艺品”哦！那就是——蜂巢！

通常，动物的巢穴都是圆形的，为什么只有蜜蜂与众不同？为什么它们的蜂巢都是由一间间六边形的小屋构成的呢？

蜂巢是蜜蜂蜂群生活和繁殖后代的场所，经过长期的观察和分析，人们发现蜜蜂的蜂巢是一座十分精密的建筑工程，每个巢房刚好可以容纳一个蜜蜂幼虫，设计之精妙令人赞叹。蜜蜂的蜂巢由一张张间距为 7 ~ 10 毫米、相互平行悬挂并与地面垂直的巢脾构成，每张巢脾由数千个连在一起的巢房组成。在蜜蜂建巢时，它们也是有分工的，年轻力壮的工蜂负责分泌很小的片状新鲜蜂蜡，而另一些工蜂则负责将这些蜂蜡仔细摆放到六

角柱状形体的相应位置。它们制造出的蜂房是如此精密，每一面蜂蜡隔墙的厚度不到0.1毫米，误差居然只有0.002毫米，而且六面隔墙的宽度完全相同，隔墙之间的角度是120°，正好形成了一个完美的正六边形。

为什么蜜蜂要建筑出这种近乎完美的蜂巢呢？如果蜂房的截面呈圆形或八边形，蜂巢之间就会出现空隙；如果蜂房的截面是三角形、四边形或五边形，则面积就会减小。因为一个圆周是360°，而在平面图形中，只有正三角形、正四边形、正六边形能够实现紧密排列，而且在周长相等的情况下，几何图形的边数越多，其面积就越大，所以在这些形状中，六边形是效率最高的，也就是说，将蜂巢做成六角柱形体最节约材料。另外，由于蜜蜂的身体基本上是圆柱形的，所以蜜蜂在六角柱形的蜂房内既不会有多余的空间，又不会感到拥挤。

工蜂在巢房中哺育幼虫、贮藏蜂蜜和花粉，蜂巢形成 9°~14° 的角度，可以防止蜂蜜流出。蜜蜂的生态和蜂巢结构的精致真是让人吃惊，绝对是自然界的精密设计、精细制作的建筑。因此，蜜蜂绝对可称得上“天才的数学家兼设计师”。

正六边形蜂巢结构是大自然物竞天择的自然选择，它代表了自然界最有效劳动的天然成果，对现代的高科技也有很大的启示。例如，航天器设计师们在设计人造卫星的机壁时，就借鉴了蜂巢的结构原理，他们把这些金属件设计成蜂窝结构，不但强度很高、重量很轻，而且还能隔音和隔热。

芝麻告诉你

在一个实际的蜂巢里，"完美"的六边形是有少许偏差的。在较大的雄蜂蜂巢和较小的工蜂蜂巢之间的过渡区域，或当蜜蜂遇到障碍时，巢室形状也可能是弯曲的。

现在，我要考考你们：蜜蜂为了防止蜂蜜流出，会把它的巢设计成什么角度？

A. 3°　　B. 8°　　C. 13°　　D. 18°

海鱼的肉为什么不是咸的？

你尝过海水的味道吗？海水是什么味道呢？芝麻我可以很严肃地告诉你，海水的味道，那可真的是又咸又苦，非常难喝，喜欢游泳、热爱海洋知识的我可以说真没少喝过海水，当然，绝大多数时候都不是我自愿的，是游泳的时候不小心喝进去的……这就让我想到了那些生活在海里的鱼儿们，它们每时每刻都在喝着又咸又苦的海水，盐分慢慢地渗透进身体……好了，我的问题来了，这些天天喝海水的海鱼的肉会不会变得像咸鱼干那样特别咸呢？

还好，这只是想象，现实中，海鱼的肉和那些生活在江河湖泊里的同类相比，并没有特别的咸味，有些还特别鲜美，成为人们餐桌上的美味佳肴。那么，你有没有想过，海鱼的肉为什么不是咸的呢？

鱼的构造跟人不同，人体的体液中无机盐离子的比例跟海水中相应无机盐离子的比例虽然不相同，但比较接近，人体无法转换海水里的盐分，而鱼却是天生的“海水淡化器”，可以把喝进去的咸海水变成淡水。

海鱼分为硬骨鱼类和软骨鱼类两大家族。我们常见的带鱼、黄鱼等都属于硬骨鱼类，它们的鳃里有一类功能特殊的细胞——泌盐细胞，也叫泌氯细胞，能够分泌出氯化物，就像是鱼身上的一个“淡水车间”，能吸收血液里的盐分，经过浓缩之后，再把盐分随着黏液一起排出鱼体外。在这些泌盐细胞高效率的工作之下，硬骨鱼家族的海鱼们始终能保持体内比较低的盐分含量。

同时，海鱼也不是看上去那样大口大口直接吞进海水的，在它们的口腔和体内有很多半透明的黏膜，这些表皮黏膜、口腔黏膜和内腔黏膜都是半渗透膜。当海鱼大量吞进海水的时候，可以把海水阻挡在口腔内，然后通过呼吸在膜内外形成一个压力差，使水分子渗透过黏膜进入体内，而盐分则无法通过，只能随着排泄物被排出体外。

如果经过上面两层防线，还是有少量盐分进入体内，海鱼还可以利用自身微弱的生物电磁场，将水分子中的氯化钠电离分解，形成正负离子再排出体外。

接下来，我们来看看海鱼中的另一个大家族，以鲨鱼为代表的软骨鱼类。这类海鱼是通过血液中的高浓度尿素来抗拒盐分的。据测算，它们体内尿素的含量比其他水生动物几乎高出 100 倍以上，如此多的尿素能使软骨鱼类的血液浓度高于海水浓度，从而维持海鱼体内的高渗透压，减少盐分的渗透，而且还可以加速体内盐分的排泄，堪称软骨鱼类的“救命良药”。

另外，还有一类像鳗鲡那样的鱼，既可以在海洋里繁殖生活，又能在淡水中生长。它鳃片上的细胞组织功能比泌氯细胞更加强大，所以无论是海水还是淡水都能适应。

所以，大家尽管放心，虽然海水是咸的，却不能把生活在其中的海鱼“腌”成咸鱼干。

芝麻告诉你

你有没有注意过一个问题，为什么我们在超市里能看到活的草鱼、鲤鱼，却看不到活的带鱼、黄鱼呢？

这是因为海水的密度高、压强大，海鱼的血压已经完全适应了海水的压强，来到陆地上进入淡水中，由于压强变小了，海鱼的血压就会超过水压，这个压力差将导致海鱼血管爆裂而死亡，所以除非有特别的海水装置，否则你在陆地上是无法亲眼看到活海鱼的。

现在，我要考考你们：生活在海边和海中的海鸟、海蜥蜴等动物的盐腺非常发达，不同生物的盐腺开口位置不同，大家知道以下哪个位置是没有盐腺的呢？

A. 鼻腔　　B. 口腔　　C. 尾巴　　D. 直肠

植物通关密语

魔芋到底“魔”在哪里？

让人麻木的“天使的号角”是什么？

红树林是浑身火红的吗？

沙漠上的“章鱼”指的是哪种神秘植物？

还记得章鱼保罗吗？那个已经离世的神奇章鱼竟然能够预测足球世界杯的比分。芝麻我今天要说的“章鱼”可不是用来娱乐大众的占卜师保罗，我说的是一种神奇的植物，它的名字叫作千岁兰。

看到千岁兰这个名字，估计你马上就能够猜到它是一种长寿的植物。没错！这种生活在非洲沙漠地区的植物可以称得上是一种植物活化石。根据科学家对一些千岁兰进行的碳14测量，这种植物中的老寿星甚至已经超过了2000岁。要知道，即使在庞大的植物群落中，能够活到这个岁数的植物也是屈指可数的。

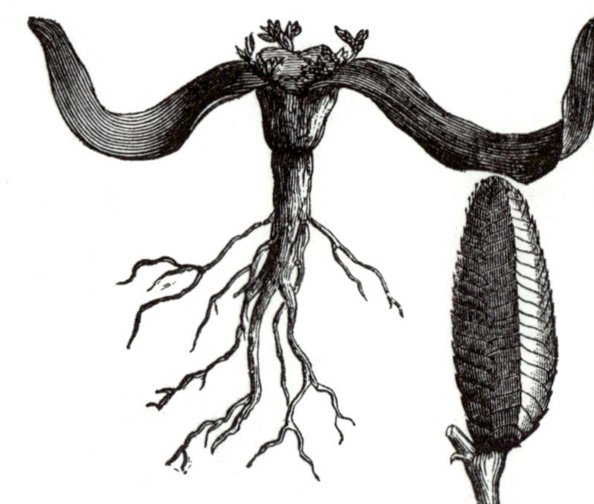

说千岁兰是沙漠上的“章鱼”，当然是说它的外形像章鱼了。千岁兰的茎矮小而粗壮，直径有1米左右，露出地面的部分仅有20～30厘米。它的两片叶子十分巨大，伸展开来有好几米长。即使是在干旱缺水的沙漠地区，千岁兰仍然拥有旺盛的生命力，它的叶子基础部位会不断地生长，卷曲的两片叶子常常被风吹日晒、飞沙走石摧残得伤痕累累，沿着叶脉的部分也被碎石和狂风撕成一条条、一缕缕。那不断生长的叶片四散开来，在荒凉的沙漠上远远看去仿佛是一条张牙舞爪的大章鱼。让在这个地区旅行的人们觉得仿佛置身于沙漠之海中，沙漠上的“章鱼”这个外号于是就传开了。

或许你会问，为什么沙漠中的千岁兰生命力会如此旺盛？和其他沙漠植物不同，千岁兰的叶片没有演变成仙人掌的刺状叶，反而形成了巨大的带状叶片。这样的

叶片难道真的能够对付沙漠中的恶劣气候和环境吗？其实这是和千岁兰叶子的特殊结构分不开的。千岁兰的根部靠近叶子的地方有一条生长带，正是这条生长带上的生长细胞源源不断地进行着新陈代谢，这样特殊的构造使人们眼中的千岁兰永远是新鲜和富有生命力的，而那些长在前端的叶片则逐渐衰老和消失。千岁兰的这些新生的叶片中有很特别的吸水组织，能够吸收空气中的水分并保存下来。虽然只有两片叶子，但是却生生不息，绿意盎然，历经几十年、上百年、上千年而仍然顽强地活着，这不能不说是一个奇迹！千岁兰靠着自身独特的结构成为沙漠中一道亮丽的风景。

另一个原因则是和千岁兰的生长地区有关。千岁兰主要生长在非洲的安哥拉和纳米比亚的狭长近海沙漠，这些地区虽然干旱少雨，但是潮湿的海洋气候还是会产生大量的雾气，千岁兰宽大的叶片在这种环境中就变成了天然的集水器。雾气中的水分以露水的形式被千岁兰吸收、储藏，加上千岁兰的根系发达，能够深入到地下吸收水分，自然使千岁兰完全能够自给自足，而成为能够长命千年的沙漠活化石。

芝麻告诉你

千岁兰开花的时候非常吸引人。它是一种雌雄异株植物，它的花有点儿像麦穗，外面有鲜艳的红色花片，看起来非常漂亮。

现在，我要考考你们：你知道千岁兰的花是什么颜色的吗？

A. 蓝色　B. 黑色　C. 白色　D. 红色

魔芋到底“魔”在哪里?

你最喜欢吃什么呢?说到吃,芝麻我觉得自己的嘴里好像正在分泌一种液体。但这不能说明我很馋,只能说明食物的诱惑实在是太大了。而且有的食物还有一个充满魔力的名字,比如魔芋。我们经常可以在商店或超市看到魔芋粉、魔芋丝、魔芋结等魔芋食品。这个名字听起来还真有趣,魔芋究竟是一种什么东西呢?它到底“魔”在哪里呢?

魔芋是一种生长在海拔 250 ~ 2500 米山间的多年生草本植物,中国古代还把魔芋称为妖芋或鬼芋。一个“魔”还不够,又加上一个“妖”、一个“鬼”,这究竟是为什么呢?其实这源自一个传说。传说在远古时期,炎帝负责种植粮食,他和他的老婆四处为人们寻找能够吃的东西。有一次,他们走到一个地方,看到许多人因为吃了一种东西而中毒了。这种东西吃起来有种麻麻涩涩的感觉。据说,这种黑黑的东西是魔鬼撒下来的，不能直接吃，而是要加上一种特殊的药充分泡制后才能食用，但这种特殊的药的配方在魔鬼手里，而魔鬼不肯交出来。炎帝和他的老婆利用自己的本领制服了魔鬼，得到了这种特殊的药，从而烹制出了美味可口的魔芋，造福了人类。但这种据说是“魔鬼送来的食物”还是一直被人们称为“魔芋”。

到了现代，人们对魔芋进行了研究，发现这种传说中的“魔鬼送来的食物”的确很神奇，它的营养成分和功效都相当惊人。

研究证明，魔芋含35%的淀粉、3%的蛋白质以及多种维生素和钾、磷、硒等矿物质元素，还富含人类所需要的魔芋多糖。

魔芋中含量最大的葡萄甘露聚糖具有强大的膨胀力，有超过任何一种植物胶的黏韧度，既可填充胃肠，消除饥饿感，又因所含热量微乎其微，故可控制体重，达到减肥健美的目的。

魔芋中含有一种凝胶样的化学物质，具有防癌抗癌的神奇魔力。据说，魔芋凝胶被人吃了以后，在人体内能形成半透明的膜衣，附着在肠壁上，能够阻碍各种有害物质，特别是致癌物质的吸收，因此魔芋又被称为“防癌魔衣”。

魔芋还含有一种天然的抗生素，能在食品表面形成抗菌膜，可防止细菌侵袭，延长贮存时间,起到保鲜防菌的作用。

看看，魔芋之所以被称为“魔芋”，还是很有现实依据的。

芝麻告诉你

魔芋虽然好，但并不是所有的人都适合食用，食用魔芋的禁忌如下：①生魔芋有毒，必须煎煮 3 小时以上才可食用；②消化不良的人，每次食量不宜过多；③有皮肤病的人要少食；④魔芋性寒，有伤寒感冒症状的人应少食。

现在，我要考考你们：魔芋在世界各地都有种植，你知道目前魔芋种植量最多的是哪个国家吗?

A. 美国　　B. 日本　　C. 越南　　D. 中国

让人麻木的“天使的号角”是什么？

有很多植物的名字让芝麻我觉得既好奇又费解，也许这就是大自然在原创之初为人类留下的神奇奥秘吧。今天，我就接到了一个同学的问题：让人麻木的“天使的号角”是什么？

这可难不倒芝麻我。经过我的调查，“天使的号角”是一种草本植物的名字，因为它的花为喇叭状，像一个号角，所以得名“号角”，至于为什么是“天使的”，我想你看完这篇文章也就明白了。怎么样？这个名字够“拽”的吧？但我告诉你它还有其他的名字后，你就知道了，这其实是一种很普通的植物。它又叫枫茄花、洋金花、山茄花、曼陀罗花等。

从它的别名我们就可以知道，这种花属于茄科。它原产自南美洲，会开出美丽而下垂的喇叭花。虽然花开得美丽，但这种植物却是有毒的，尽管一般还不至于把人

毒死，但却可以让人麻醉并产生幻觉。它的叶子有麝香味，它的花呈喇叭状且气味独特。它全株有毒，以果实和种子毒性最大，干叶的毒性则比鲜叶小。它的叶、花、籽都可以入药，具有平喘止咳、镇痛、解痉挛的作用。

这种花含有莨菪碱、东莨菪碱及少量的阿托品，而起麻醉作用的主要是东莨菪碱，它是古代蒙汗药的主要成分，可使人的肌肉松弛、汗腺分泌受抑制。神医华佗是世界上第一个使用麻醉药进行胸腔手术的人，他所使用的“麻沸散”就是用曼陀罗花加其他几味中草药制成的。

芝麻我看过一部名叫《哥伦比亚恶魔的呼吸》的纪录片，在这部纪录片里专门提到了这种植物，哥伦比亚的犯罪分子从“天使的号角”中提取东莨菪碱，制成了一种强效药，我认为这种药是很可怕的，即使人处于完全有意识的状态，它也能让你根本不知道自己在做什么。由于东莨菪碱能够穿过皮肤和黏膜被人体吸收，所以犯罪分子只需简单地将含有东莨菪碱的粉末吹到目标人的脸上便可达到目的。在这部纪录片讲述的一个故事中，一名男子曾将自己的所有财物都搬出了公寓，拱手交到了犯罪分子手上，事后他居然根本回想不起来自己曾经做了什么。怎么样？想想都能把自己吓出一身冷汗吧！

从纪录片《哥伦比亚恶魔的呼吸》的描述看，这种植物似乎叫“魔鬼的号角”更合适。不过，从医药学的角度看，这种植物对人类还是有用的，就看你怎样使用了。用得好就是“天使”，用得不好就是“魔鬼”。

芝麻告诉你

华佗是我国东汉末年的著名医学家，他医术全面，尤其擅长外科，精于手术，被后人称为“外科圣手”“外科鼻祖”。华佗创制的麻沸散是世界上最早的麻醉剂，比西方早 1600 多年。

现在，我来考考你们：“天使的号角”全身都有毒，你知道毒性最强的是哪一部分吗？

A. 叶子　　B. 花　　C. 茎　　D. 果实和种子

有没有能毒死牲畜的草？

这篇文章，希望家里有牛啊、羊啊、马啊的同学能够看到，因为这些牲畜也是我们人类的朋友，它们都吃草，而芝麻我接下来要讲的，就是一种牲畜可能认不清，但吃了就会中毒和发疯的草，它就是——疯草！它能毒死大批牲畜，而且难于防范。

疯草又叫“醉马草”，很早以前就已经在阿拉善荒漠草原、沙漠戈壁，甚至贺兰山脉出现了。有意思的是，越是干旱的地方，这种草就越是会疯长。它们也会在连续干旱少雨的 地区疯长。羊和马吃了这种草以后就会像人喝醉了酒一样疯疯癫癫，严重时会发生抽搐，甚至死亡。

疯草的学名叫小花棘豆和变异黄芪，它们不仅有超强的生命力、繁殖力和耐旱力，而且它们还是一种排斥其他牧草生长的植物，在“醉马草”成片生长的地方，绝不会让其他植物存活。羊、牛、马、骆驼等牲畜吃了之后就会“上瘾”，牲畜从此不再食用其他牧草，后果是其中枢神经受到麻痹，身体日渐消瘦，最后导致死亡。

事物都是一分为二的，疯草虽然有剧毒，但却有较高的营养价值。通过给动物注射疫苗就可使动物安全地食用疯草，从而改变目前化学防除及人工挖除疯草而造成的环境污染、水土流失、草场退化的局面。目前，政府已经开始主张对挖除的毒草进行晾干回收、合理利用。

疯草可怕，可以使大量牲畜误食死亡，但如果采取有效措施，它就能变成对牲畜有益的食物。而且如果注意合理放牧，避免草场退化，也可以抑制疯草的大面积生长。所以说，爱护环境可以避免许多不必要的灾祸。

芝麻告诉你

疯草一词不是植物分类上的名词术语，因为动物采食这种毒草后，会引起以慢性神经功能障碍为特征的中毒，能使动物发疯，故人们形象地把这类毒草统称为疯草，由此所导致的中毒称为疯草中毒病。

现在，我要考考你们：好多植物都有毒，有的毒性还很大，下面四种常见的花，哪种是有毒的？

A. 月季花　B. 太阳花　C. 水仙花　D. 茉莉花

树的年轮有什么意义呢？

芝麻我在野外考察的时候有时会迷路。嘿嘿，你一定会问，芝麻也会迷路吗？其实一点也不奇怪，在森林里如果没有指南针的话，找不到路也是很正常的。不过，如果我能够幸运地遇到一棵被砍伐的树的话，我就可以根据树木的年轮来判断方向了。当然，这实在是太需要运气了，芝麻我并不是每次出去都能有这样的好运气啊！

大自然中有成千上万种树木，如果我们切开任何一种树木的树干，都会发现在其横截面上有一圈一圈的花纹，科学家们将这种花纹叫作“年轮”，年轮记录了树木的年龄，以及很多很多树木一生的秘密。

通俗地说，年轮就是树木在一年内生长所形成的一个生长层。那么年轮是怎样形成的呢？科学家告诉我们，在树木茎干的韧皮部里有一圈形成层，当形成层细胞分裂时，树木茎干的直径就会增加，树内生长的新细胞形成了木质部。在春季及夏初，气候适宜树木的生长，因此形成层的细胞分裂快、生长迅速，形成的木质部细胞体积大、数量多、细胞壁薄，材质疏松、颜色较淡，称为早材或春材；而在夏末及秋季，形成层细胞活动逐渐减弱或根本不生长，形成的木质部细胞体积小、数量少、细胞壁较厚，材质紧密、颜色较深，称为晚材或秋材。同一年的早材和晚材就形成了一个圆环，这就是年轮。而晚材与次年的早材之间则形成了界限分明的轮纹线，这就是年轮线。如果想知道树木的年龄，查查一共有多少圈年轮就可以知道了！

树木不会说话，年轮就是它们独特的语言，不仅能为人们提供树木的年龄信息，还能记录和提示很多自然现象。19 世纪 90 年代末，美国科学家道格拉斯创立了一个新的科学领域——树木年代学。这是一门以树木年轮生长特性为依据，研究环境对年轮生长影响的学科。我们都知道，树木每年的生长情况在很大程度上取决于土壤的湿度：水分越充足，年轮就越宽。通过对同一地区树木年轮的比较，可以分辨出每圈年轮的生长年代。然后，可以划分出每圈年轮所代表的确切年限，比如一次森林大火或一次滑坡事件的时间都可以由此确定。

树木的年轮忠实地“记载”着树木的生长状况。通过阅读年轮，我们可以比较精确地推断出一个地区长期以来的气候变化，以及过去一段时间发生的灾害状况。比如发生地震时，地震带或地震带附近的树木如果受到损害，就会造成树木年轮宽度的突然变窄或者缺失，如果我们比较这些树木与周边没受地震影响树木的年轮，就可以比较精确地推测出那次地震发生的年代和强度，从而帮助我们了解很多没有被文字记载下来的信息。

芝麻大问号

同学们，树木年轮的奥秘还有很多，科学家们确实利用树木的年轮解决了很多问题，如果你在郊游的时候，看到了那些经年的老树桩，千万不要拍张照片就走掉啦，仔细研究一下那截面上的年轮，也许，你也能发现一些了不得的大秘密呢！要是你不小心迷路了，也可以像芝麻我一样，通过查看树木的年轮辨别方向：树墩的年轮，朝南的一半较疏，而朝北的一半较密。

芝麻告诉你

在气象学上可通过年轮的宽窄了解各年的气候状况，利用老树年轮所反映出的信息可推测出几千年来的气候变迁情况。如果某地的气候优劣有一定的周期性，则年轮也会出现相应的宽窄周期性变化。

现在，我要考考你们：年轮的宽窄分别表示不同的年景，下面哪种说法是正确的呢？

A. 年轮宽表示那年光照充足，风调雨顺。
B. 年轮窄表示那年温度低、雨量多，气候不错。
C. 年轮宽表示那年温度低、雨量多，气候不错。
D. 年轮窄表示那年光照充足，风调雨顺。

红树林是浑身火红的吗?

正在看这本书的同学，请问你几岁啦？要知道，我们的地球母亲已经有 45.5 亿岁了，它给予我们生物生长所必需的氧气、食物、水和阳光，在它的庇护下，我们和自然界的众多动植物一起创造着生命的奇迹。地球上的奇迹有一些是我们人类建造的，比如中国的长城、埃及的金字塔等，而另外一些则是大自然所创造的，比如美丽的澳大利亚大堡礁，或者今天芝麻我要带大家前往观光的印度红树林。那，红树林是浑身火红的吗？

其实，红树林不是由特定的一种植物构成的，它是

热带、亚热带的海湾、河口泥滩上特有的常绿灌木和小乔木群落。在美洲的墨西哥、巴西、哥伦比亚、厄瓜多尔，非洲的尼日利亚、坦桑尼亚、马达加斯加，亚洲的印度以及中国的福建、台湾、海南等地的海岸上，人们都能发现红树林的踪影。

红树林树木的根系十分发达，盘根错节屹立于滩涂之中，它们的树叶像皮革一样，看起来油光闪亮。在海水涨潮时，它们被海水淹没，或者仅仅露出绿色的树冠，仿佛在海面上撑起一片绿伞；而当潮水退去后，则出现在我们眼前的又变成了一片郁郁葱葱的森林。

红树林成就了一种非常和谐、重要的自然生态系统。

红树林群落中的植物种类虽然不多，却养育了为数众多的动物。红树林下的淤泥是蟹类、弹涂鱼等多种动物的家园，红树林的树干和树枝是很多介壳动物的栖身之所，红树林的树冠则是热带海鸟的领地。

世界上面积最大的红树林位于印度孟加拉湾沿岸，面积超过了 1 万平方千米，这里孕育着丰富的生物多样性环境，其中有近 260 种鸟类，有水獭、野猪等哺乳类动物，以及招潮蟹等数不清的无脊椎动物。在加里曼丹岛的红树林中，有长相奇特的长鼻猴，雄猴长有巨大的鼻子，样子十分滑稽、可爱。每年都有很多来自世界各

地的游客前往红树林，观看那里的风景及生活在其中的动植物。可见，红树林不仅造福周围地区的生态系统，也促进了当地旅游业的发展。

红树林不仅是动植物的天堂，对人类的生活也非常有帮助，它能防风消浪、促淤保滩、固岸护堤、净化海水和空气。盘根错节的发达根系能有效地滞留陆地来沙，减少近岸海域的含沙量；茂密高大的枝体宛如一道道绿色长城，能有效地抵御风浪的袭击。

正因为如此，世界各国都十分重视保护红树林特有的生态环境，但是，工业污染、滥砍滥伐、围海造田及过度捕捞、非法养殖等人类活动仍然威胁着红树林的安全，要保护和修复这一大自然的恩赐，我们还有很长的路要走。

芝麻告诉你

红树林出产许多天然的保健品，有的树根能榨汁，是天然的贵重香料；有的树的果皮能制作调味品；有的叶子能降低血压。

现在，我要考考你们：在泰国，红树林的果实用来榨油，这种油是做什么用的呢？

A. 美容品　B. 点油灯驱蚊　C. 食用　D. 工业用油

杜鹃花的得名是因为杜鹃吗？

说到花你会想到什么？玫瑰？茉莉？还是满天星？芝麻我最近收到了好朋友送来的一盆杜鹃花。红艳艳的杜鹃花美丽绽放，显得非常喜庆。我高兴之余有了一个新问题：杜鹃花的得名是因为杜鹃吗？

杜鹃花是一种十分美丽的花，又叫映山红、山石榴、山踯躅。杜鹃花种类多，习性差异大，大多生于海拔 500 ～ 1200 米的山地疏灌丛或松林下，它喜欢凉爽、湿润的气候。在江西的杜鹃山上，有着成片的杜鹃花树，每当杜鹃花开放的季节，漫山红遍，景色异常优美。

杜鹃则是一种鸟，也叫杜宇、布谷或子规。它们的身体是黑灰色的，腹部长有黑色横纹，尾巴带有白色斑点，按理说辨认起来并不困难，但由于其生性胆怯，我们是常闻其声而不见其形。这种鸟是典型的巢寄生鸟类，它们的父母不筑巢、不孵卵、不哺育雏鸟，而把繁育后代这么重大的责任完全交给小杜鹃的义父母代劳。其实这并不是别的鸟多么有爱心，而是它们被杜鹃欺骗了。杜鹃把自己的卵生在其他鸟的鸟巢里，小杜鹃破壳后会

把巢里其他的鸟蛋拱出巢外，在善良的人们眼里，它们是够“恶毒”的，我们也不得不佩服它们高超的欺骗本领。但是杜鹃喜欢吃毛虫，特别是嗜食松树的大敌松毛虫，因此对人类来说是一种益鸟，被人们称为“森林卫士”。春天的时候，我们经常听到杜鹃的叫声，“布谷，布谷”，好像在催促人们播种，不要误了农时。

杜鹃花和杜鹃的名字相同，那么这一花一鸟之间有没有什么联系呢？当然有啦，而且这还是一个美丽的传说。相传在远古时代，有一个十分富足的国家叫蜀国，蜀国的皇帝叫杜宇，号望帝，是个十分开明的皇帝。杜宇把国家治理得很富足，百姓都安居乐业。但也正是由于国家富足，百姓尽情享乐，时间长了就出现了懈怠，不愿去耕作，不免误了农时。杜宇看在眼里，十分心焦。杜宇死后，灵魂便化为了杜鹃，一声声叫着“布谷，布谷”，催促人们赶快耕作。因为叫得辛苦，以至于啼出了鲜血，鲜血落到了地上，化作了鲜艳的花朵，人们就把这种鲜艳美丽的花叫作杜鹃花了。

当然，关于杜宇和杜鹃、杜鹃花的传说还有别的版本，它们之间的联系体现了我国古代人民浪漫的想象力。千年的时光中，每当听到那一声声“布谷，布谷”的叫声的时候、看到那鲜艳欲滴的杜鹃花的时候，人们总会想到望帝杜宇，想到李商隐那句浪漫的诗：“庄生晓梦迷蝴蝶，望帝春心托杜鹃。”

芝麻告诉你

杜鹃自己不筑巢，它们总是把自己的卵产到其他鸟的鸟巢里，小杜鹃孵出来以后，总是十分霸道地把还没有孵化出的卵以及已经孵出来的其他幼鸟推出鸟巢。因为这个原因，杜鹃在鸟类中的名声并不好。

现在，我要考考你们：有个成语叫“鸠占鹊巢”，你知道这个“鸠”是指哪种鸟吗？

A. 斑鸠　B. 杜鹃　C. 乌鸦　D. 喜鹊

世界未解之谜

在人脑里储存信息能实现吗？

人类能不能去地心旅行？

时空旅行的梦想能实现吗？

芝麻大问号

深海里真的藏着水怪吗?

作为一名业余潜水爱好者，芝麻我最希望的就是通过专业潜水员资格考试，好去更深的海底探险。水下的世界神秘莫测，五光十色，童话故事中有体态优雅的小美人鱼，现实生活中有色彩缤纷的珊瑚礁。那么，除了这些美好的事物，海底世界中还有哪些我们所不知道的秘密呢？深海之中真的藏着可怕的水下怪物吗？

今天我就带大家来了解一下传说中的水怪吧。水怪也叫海怪，指的是神话传说中生活在海水里的怪物和现实中生活在海里的未知名的生物，国际上将它们统称为USO（不明潜水物）。有一部分科学家认为，在大海中大约1000米深的地方，存在着许许多多我们所不知道的生物，体长18～20米，也就是传说中的水怪。它们的形态多样，有的像蛇颈龙，有的像海蛇，有的甚至长有多只手，听上去是不是很恐怖呢？

水怪到底存不存在呢？至今学术界仍然有许多争论，科学家对水怪的形成有一些推论，比如有的学者认为，水怪是人们所不知道的大型动物，是因为环境污染导致形体变异形成的。也有的学者认为，水怪可能是远古时代大型动物所遗留的后代。当然还有一部分学者倾向于相信水怪是一种从未被发现的新物种。

很多国家的神话故事中都提到过水怪，古往今来也有很多人自称亲眼目睹了水怪，这些传说无疑为这种不知是否存在的生物又添上了更为神秘的一笔。在所有传闻中，最著名的要数英国的尼斯湖水怪了。尼斯湖位于英国的苏格兰大峡谷，海拔高度是海平面以下 200 米，因此被人们称为“沉在海底的湖”。一千多年来，人们一直相信，每当湖上风雨大作的时候，一头神秘的怪兽就出没湖中，在英国和北欧一些国家的史诗故事里，也有许多英雄与这头怪兽搏斗的故事。从那时到现在，从

早期的农民、神职人员，到如今的旅游者和摄影爱好者，无数人声称自己曾经亲眼看到了尼斯湖水怪。据统计，在 2000 年就有 12 次，2002 年也有 4 次。当地人普遍认为尼斯湖水怪是一种蛇颈龙，为此专家对尼斯湖曾做过详细测量，尼斯湖深 213 米，用声呐探测仪大面积探测并没有发现什么证据，尼斯湖水怪至今仍然是最吸引人的“自然界未解之谜”之一。

芝麻告诉你

不仅国外不断有水怪出现的消息，中国也屡次出现过这种传闻，“天池水怪”就是其中之一。据说，目击者在 1980 年 8 月 21 日早上 4 点多，在长白山天池看日出，突然发现远处水面有一个体大如牛、头大如盆的家伙，其游动速度极快。此消息让人百思不得其解，因为天池是一个火山湖口，湖水极其寒冷且营养物质含量非常低，基本不会有生物存在其中，那为什么会突然间出现这种巨型的生物呢?

现在，我要考考你们：既然湖中频频出现水怪，世界上的湖也有很多，那么你知道世界上最大的湖是什么湖吗?

A. 青海湖　　B. 里海　　C. 尼斯湖　　D. 贝加尔湖

在人脑里储存信息能实现吗？

芝麻我有一大爱好——看科幻片！因为很多科学幻想最终都变成了现实。最近我正在看一部讲述神奇特工故事的科幻片，这位特工由于基因突变，使他的大脑能够与植入脑内的高性能微型芯片相连接，让他可以在瞬间完成读取档案、分析数据、推理案件等工作，以这样的人脑与人工智能二者合一的方式，想一想可以达到的效果，真是像做梦一样。如果真的可以实现，做过的梦也能被完整地回放。那么，这一切真的能实现吗？

就目前来说，记忆的过程就是学习的过程，一个记忆力很好的学生，他的学习成绩也不会很差。而对于那些学习成绩不好或有些讨厌学习的同学，记忆学习内容真是一件令人苦恼的事情，你想啊，那么多的定义、公式、英语单词、古诗，都需要你付出辛苦的努力来记忆，还要对付恼人的遗忘。但如果真有一天，科学家告诉你，你不用学习了，因为所有学习内容都可

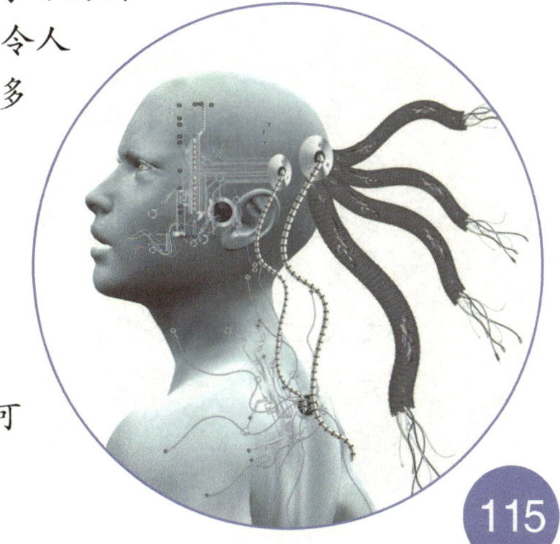

以像往电脑硬盘里存储文件一样，你是不是觉得这是天方夜谭呢？

这并不是天方夜谭，科学家们正在进行有关研究和试验，并且已经有所突破。美国科学家进行的一项实验表明，通过电子信号刺激某一部分海马体，能够真实地在老鼠的大脑中植入记忆，同时也可以停止海马体的工作能力，起到阻止大脑记忆的作用，之后再采用电子信号刺激大脑的某一区域形成“新的记忆”。目前，已在猴子和老鼠的体内证实了其可行性，相信未来这也将适用于人类。

看了以上报道，你就知道这意味着什么了，试验的最终目的直接指向了人脑记忆的上传、下载和存储，就像我们现在对电脑进行的操作一样。当然，目前的试验距离最终目标还有相当大的差距，毕竟人脑的复杂程度远远大于电脑的芯片，但科学家们相信这项研究将来一定会实现的。科学家说：“这显然超出了我们当前的技术能力，虽然我们目前开始研究复制大脑的性能，但仍需要几十年才能实现。”

听到了吗？还需要几十年！虽然很漫长，但仍然让芝麻我无比激动！这是多么令人期待啊。但如果他们的目的真的实现了，究竟是一件好事还是一件坏事，这其实也是一个值得研究、讨论的问题啊！

芝麻告诉你

根据记忆的内容不同，记忆可分为形象记忆、抽象记忆、情绪记忆和动作记忆。形象记忆是以感知过的事物形象为内容的记忆，例如形状、大小、体积、颜色、声音、气味、滋味、软硬、冷热等；抽象记忆又叫语词逻辑记忆，它是以语词符号的形式，以思想、概念、规律、公式为内容的记忆；情绪记忆也称为情感记忆，它是以体验过的情绪、情感为内容的记忆；动作记忆是以各种操作过的动作、姿势、习惯和技能为内容的记忆。

现在，我要考考你们：人脑的记忆能力非常强，根本不用担心出现用完了的情况。你知道据科学家推算，人脑的存储量相当于多少台硬盘为 500G 的电脑吗？答案一定让你惊呼。

A. 1000 台　　B. 1 万台　　C. 115 亿台　　D. 200 亿台

如果让你选择一个地球上最酷的旅游景点，你会选择哪里？悬崖峭壁？地下暗河？还是活火山？如果让芝麻我在地球上找的话，我的答案会是——地心！既然我们能去外太空旅行，那么能不能去地心拍照留念呢？法国作家凡尔纳曾经写过一篇科幻小说，名为《地心游记》，我相信许多人都看过，并且在看过之后开始神往了。

要回答人能不能去地心旅行这个问题，我觉得我们首先应该了解一下地球的结构。地球的结构分为三层，最外面的一层叫地壳，中间的一层叫地幔，最里面的一层叫地核。这就好像一个鸡蛋，鸡蛋壳就是地壳，鸡蛋清就是地幔，鸡蛋黄就是地核。或者我们再比喻

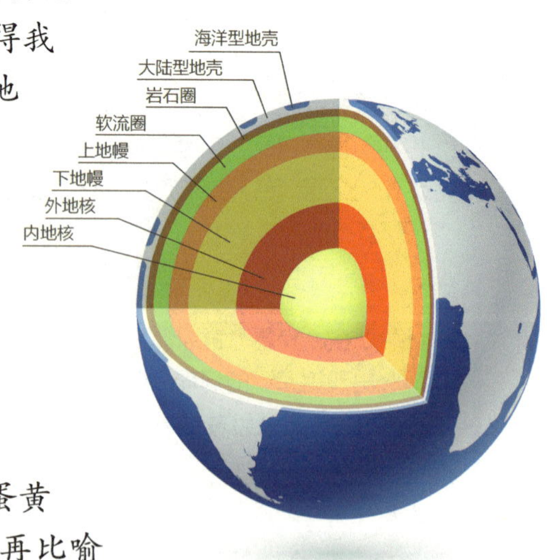

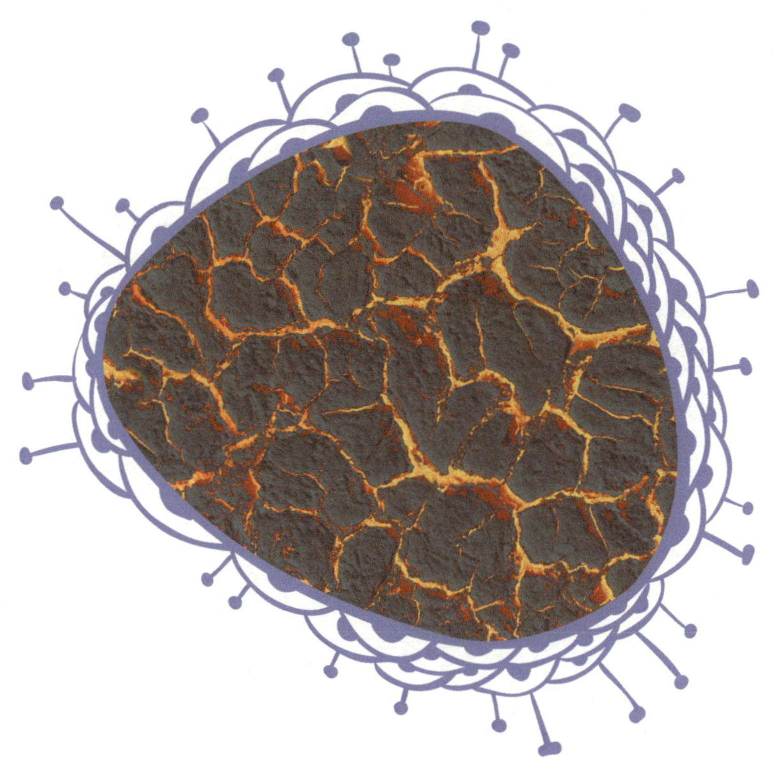

得形象一些，地球就像一个煮得半熟的鸡蛋，越靠外面越硬，里面则因为还没有煮熟而呈液态。这就是地球的基本结构。

再看地球的直径。据测算，地球的直径大约有12000多千米，这就意味着，我们要想去地心旅行的话，就必须向地心打一个长约6000千米的深洞。这似乎不是那么容易办到的，是啊，到哪儿找那么长的钻头去啊？

并且，地球越往里面去，温度就越高，地核的温度能达到约6000℃，想想看，这样高的温度，什么钻头能够承受得了啊。

了解了这些，我们再来看刚才提出的问题就不难回答了，以人类目前的科技水平，是根本无法实现去地心旅行的梦想的。况且，没有人能够证明，打那样一个深的洞会不会引起巨大的灾难，所以，在搞清楚之前，我们还是老实点吧。

芝麻告诉你

地核分为外核和内核两部分，外核的厚度约为 2300 千米，温度为 2200℃ ~ 5000℃；内核的厚度约为 1300 千米，温度约为 5000℃。然而奇怪的是，在地核的外核部分，物质处于一种熔融状态；但在地核的内核部分，物质反而呈固态。那什么是熔融呢？熔融是指温度升高时，分子热运动的动能增大，导致结晶被破坏，物质由晶相变为液相的过程。

现在，我要考考你们：目前，人类钻的最深的洞是埃克森美孚公司在俄罗斯钻的“Odoptu OP-11 油井”，你知道它大约有多深吗？

A. 1580 米　B. 5940 米　C. 12345 米　D. 50000 米

如果让你回到过去，你想回到什么时代？芝麻我最想回到6500万年前的白垩纪，解开关于恐龙时代的一个个谜团；如果再能去到未来，我想去人类能够在宇宙中随意穿梭的时代，去领略黑洞的神奇。可时空穿梭机谁能造得出呢？我们真的能实现这些愿望吗？

你们一定知道，动画世界里有一个超可爱的“蓝胖子”，它来自未来世界，从抽屉里钻出来，能帮你实现各种梦想，口袋里还有从未来时空中淘来的各种道具。没错，它就是哆啦A梦。那你们一定也知道哆啦A梦是怎样来到现代的，它在时空隧道里乘坐一个长得很像桌子的时空穿梭机，几乎是“嗖”的一下就到了现代。那么，在现实生活中，就算没有哆啦A梦，时空穿梭的梦想能实现吗？

其实，现代人才不是第一批想穿越时空的人呢！无论是穿梭到几千年前的古代，还是穿越到未来之城，畅游在时间的旅程中都是人类千百年来一直想要完成的事情。但梦想毕竟只是梦想，要实现却没那么容易，至少，我们必须承认，以现在的科学技术水平，人类是不可能

像哆啦A梦一样自如地穿梭在宇宙中的。

那么，到底存在哪些无法攻破的难关呢？

既然是时间穿梭，那么“时间”当然是最关键的东西。可惜，时间这个概念是由人类自己定义的，对于宇宙而言并没有意义。简单来说，假如你真的有一台哆啦A梦送给你的时光机，你想命令它回到1700年12月8日中午12点，机器会搞不懂，因为宇宙根本不以年、月、日来计量，它有它自己的计量体系，就好像买水果要论“斤”、买饮料却只能论“毫升”和“升”一样。整个宇宙有一个固定的密度，和谐平稳地运行着，假如你真的乘坐时光机去另一个时间段，两个时间段的宇宙就同时发生了密度变化，也就是现在的宇宙中少了一个你，要去的那个宇宙中多了一个你，宇宙密度就会失去平衡，也许“轰”的一声，宇宙就爆炸了呢。当然，“宇宙大爆炸”和宇宙的密度，也只是现代科学关于宇宙的一种理论，接受的人比较多，同时存在的还有很多其他理论。宇宙实在是太神秘了，到底哪个理论是对的，也许就要靠你们长大以后去判断啦！

还有一个更加复杂一些的问题，用芝麻我来做一个例子，假设我成功穿越到了未来的某个时间，大家想一想，我的年龄会变还是不会变呢？一个人的生命本身是时空中的一个分子，也是一种成长的过程，是随着时空的改变而改变的，如果我超越现在的自然时间向未来运动，年龄必然也会随着变动，会加速衰老，并在超过我的生命界限后死亡。也就是说，我们想去几百年后的未来，前提是我们必须有几百年的寿命！哇，真的是问题太多了，芝麻我也无法解答。显然，现在人类最长寿的也没有几百岁呢，所以，就目前来说，时空穿梭暂时只能存在于科幻电影中了。

芝麻告诉你

虽然时空穿梭不能真的实现，但人类的智慧是无穷的。科学家真的发明了一种叫时空穿梭机的娱乐产品。它采用电子彩屏、flash 动画数码系统及高保真音响等高科技手段，在一定时间里，通过光、声、影像等多种事件及场景的变换，使观众在安全的环境中体验穿梭时空、太空冒险、高速行驶、灾难逃亡等多种惊险刺激的活动，就像真的处于太空穿梭中一样，是不是也很有趣呢？

现在，我要来考考你们：除了时空穿梭机以外，同样可以穿梭在太空中的宇宙飞船也是人类智慧的结晶，那么，你知道世界上第一个发射宇宙飞船的是哪个国家吗？

A. 中国　　B. 美国　　C. 苏联　　D. 日本

科技超炫酷

机器人能像人类一样有思想吗？

火星车是如何完成探险工作的？

人能像动物一样冬眠吗？

3D 打印机能打印活生生的人吗？

你爱看电影吗？芝麻我特别爱看，尤其是到电影院看巨幕的 3D 电影，那种好像能摸到东西的体验感只能用一个词形容——过目不忘！那你想跟着电影主角一起去战斗，去冒险吗？哇……不用畅想，其实我们离这一步很近了，因为我们有新法宝——3D 打印机！

看 3D 打印机工作不需要戴上眼镜，因为它会真的制造出立体的东西，如真实的玩偶和工具等。所以它还有个名字，即“快速成形技术打印机”。也就是说，普通打印机接受电脑文件之后会把图案打印在纸上，而 3D 打印机则可以把文件变成一个立体的物件，让你拿在手里。

3D 打印机的工作步骤和普通打印机很像，却又不完全相同。首先，我们必须通过计算机软件建立一个三维立体模型，如动物模型或者微型建筑物。当我们把这个模型通过存储卡复制到 3D 打印机中并进行必要的打印设置后，就可以把所建立的模型“打印”出来了，这

个过程跟传统打印机是类似的。不同的是，常见的普通3D打印机的“打印”过程跟激光成型技术一样，采用了分层加工、叠加成型的方式来完成。每一层打印过程分为两步，在模型区域喷洒一层特殊的胶水和一层特殊的粉末，粉末遇到胶水迅速黏结，没有胶水的地方仍然松散，就这样一层一层交替进行下去，成品就会被“打印”出来，剩余的粉末还可以循环使用。而更加先进的3D打印机，在“打印”特殊金属零件的时候，本身也会应用激光成型等特殊的“打印”工艺。

这种高科技打印机的创意最初是由一位名叫恩里科·迪尼的意大利发明家首先设计出来的。展望前景，据说将来不仅可以用它“打印”出一栋完整的民用建筑，

还可以在航天飞船中给宇航员“打印”任何形状的所需物品，甚至，如果运用恰当的材料，还可以“打印”出食物，这是不是很神奇呢？芝麻我第一时间就想到了这样一个问题：如此万能的打印机，可以打印出栩栩如生的人吗？

答案是否定的。我们人类作为智慧的高等哺乳动物，是由很多很多个细胞构成的，和其他哺乳动物一样，都是从受精卵开始分裂和分化，进而慢慢形成组织、器官的。人体非常复杂，人成长的过程则比人体本身还要复杂，所以，尽管3D打印机能制造出不少物体，甚至可以“打印”出活生生的细胞，但毕竟无法打印出从细胞开始的人的复杂成长过程。当然，3D打印机如果足够大的话，还是可以打印出栩栩如生的人——呵呵，我还没说完——人的模型。

芝麻告诉你

3D打印技术如此神奇，应用的领域也非常广泛，珠宝行业、鞋类生产、工业设计、建筑业、汽车业、航天航空业、牙科和医疗产业、地理信息系统、土木工程等都会用到它。据国外媒体报道，一名83岁的老人患有慢性骨骼感染，因此换上了3D打印机打印出来的下颚骨，这也是世界上首个用3D打印产品作为人体骨骼的案例。

现在，我要考考你们：3D技术可以用于打印是一件新鲜事，用在电影行业里就是常见的事啦，那么，爱看电影的你，知道世界上第一部3D动画电影叫什么吗？

A.《海底总动员》　　B.《玩具总动员》

C.《汽车总动员》　　D.《机器人总动员》

在房间里也能开的车是什么？

在我们生活的现代城市里，路面宽阔，车水马龙，不但有华丽的跑车、重型的大卡车，还有小巧的摩托车和轻便的自行车，等等。那么，你家里有车吗——不，不，芝麻我说的不是停在车库里的那种，我的意思是，你的房间里，有车在行驶吗？

房间那么小，怎么可能容纳汽车那么大的东西呢？更不要说在房间里行走了。你一定觉得这种事情是我编出来的，下面就让我带大家见识一下在房间里行走的“汽车”吧！

这种“汽车”就是两轮自动平衡代步车，它还有“人力运输单脚滑行车”和“人类运输机”等听起来很科幻的名字，在日常生活里，大家喜欢叫它“思维车”。它是一种用电力驱动、具有自我平衡能力的运输工具，仅供个人使用。因为它的体积特别小巧玲珑，比自行车还小，所以可以在房间里自由地行走。什么？你问我它骑起来是不是舒服？当然了，这种代步车最大的优势就是舒适、安全，在驾驶时还能带给你格外逍遥自在的感觉。

两轮自动平衡代步车是运用“动态平衡”的原理设计制造的。什么是“动态平衡”呢？当我们的身体移动时，重心会不断改变，比如，人体站立前倾时就会失去原有站立时的平衡，但大脑会迅速感知这一情形，并下达移动脚步的指令，让身体做出反应，用以维持新的平衡。这种原理放在代步车上也是一样的，科学家用轮子取代了脚的功能，学习了人类的平衡系统的原理，并在代步车上模拟了出来，让它在使用时既便利又安静。代步车靠两组镍氢充电电池提供动力，并配备有电子式充电系统，充满电以后可以走 16 千米以上呢。

驾驶这种代步车和驾驶汽车不一样。驾驶者双脚站在由两个轮子支撑的平板上，抓牢类似自行车车把的手柄，前后移动就可以滑行，转动手柄则可以改变方向。

很神奇吧，那开这种车很难吗？

这种车使用非常方便，因为它有两个轮子，由陀螺仪控制，宽度不超过普通成年人的肩宽，重量差不多40千克，所以在操作时不需要刹车装置。当驾驶者身体前倾时，代步车前进；当驾驶者身体直立时，代步车就停止了。是不是非常“高科技”呢？

芝麻告诉你

两轮自动平衡代步车使用十分方便，应用范围也特别广泛，可以开着它去附近的市场买菜，省力又快捷；安保人员可以踩着它四处巡逻，大大缩短了人们报警后等待的时间；大型场馆内，它可以作为交通工具，免除了人们跑腿的辛苦；高尔夫球场里，它更是长距离来回奔走的必需品！

现在，我要考考你们：世界上第一个发明汽车的人叫卡尔·佛里特立奇·奔驰，是世界汽车之父，你们知道他是哪个国家的人吗？

A. 美国　B. 法国　C. 德国　D. 英国

机器人能像人类一样有思想吗?

你喜欢看科幻电影《变形金刚》吗?里面的擎天柱和大黄蜂抱着为正义而战的信念,以一敌百的场面是不是很令人心潮澎湃呢?虽然,很遗憾,我们还没有机会见到帅气的、真实版的大黄蜂,但芝麻可以负责任地告诉你,在科学和工业领域,却有跟它一样智能、强大的机器人。问题又来了,我们的机器人已经很酷了,可它们真的能像《变形金刚》中的大黄蜂一样拥有人的思想吗?

机器人是20世纪最伟大的发明之一,是整合控制论、机械、电子、计算机与人工智能、材料学、仿生学的产物。机器人不但能说会动,甚至能帮助人类完成我们不能或者很难完成的任务,可以说是“万能”的。但是,尽管如此,再厉害的机器人也是人类发明制造的,仅仅是一种高智能的机器而已,很难像科幻电影里演的那样，会独立思考或者有自主意识，至少在现在的科学技术水平下是做不到的。

机器人是我们制造出来自动执行工作任务的智能机器系统，可以接受人类的指挥，也可以运行事先编好的程序，一步步完成任务。它是用来协助或取代人类从事简单或危险工作的，如果没有人类编写好的程序，那么它就无法产生主观的思维。尽管有的机器人被赋予了感知能力，会判断、记忆、决策、识别甚至拥有变通能力，但前提仍然是我们帮它设计好了程序，它还是不能和人一样主动产生思想。

为什么机器人做不到这件事呢？我们不能写一个程序，让它也用人类的方法产生思想吗？

要编写这种程序，就要知道人类的思想是如何产生的。这是一个世界性的问题，至今没有完美的答案，很多科学家、哲学家都在自己的研究领域进行着研究和探讨。

虽然这个问题没有定论，但是可以肯定的是，人的思想是丰富而伟大的，我们之所以开心会笑、难过会哭、生气会愤怒，是感性和理性并行的。而机器人所拥有的“想法”其实只是被人所赋予的一种程序代码，不能与人类自主产生的意识相比。不过，也许未来的某一天，聪明的你真的会造出一个会思考的机器人呢！

芝麻告诉你

根据机器人用途的不同，可以把机器人分为好多种：能够用于工业生产的机器人——工业机器人；能够治病保健、保洁保安的机器人——服务机器人；能够进入废墟中救人的机器人——搜救机器人；可以耕耘播种、施肥除虫的机器人——农业机器人；可以冲锋陷阵、排雷排弹的机器人——军用机器人；等等。

现在，我要考考你们：世界上第一台机器人是谁发明的呢？

A. 爱迪生　B. 罗伯特　C. 约翰伯格　D. 恩格尔伯格

到火星上旅行怎么样？想不想和我一起去？如果我说的是你和芝麻我作为第一批火星移民永远也不回来了，你还会不会那么坚决地参加这次火星之旅呢？你肯定会说：还是让火星车去吧！

火星是地球的近邻之一，人类为了看清火星的真面目，就想要派一个聪明的家伙去探险。但是火星上的空气非常稀薄且寒冷，我们人类上去是无法生活的，更别提探险了，所以科学家们发明了“火星车”。你一定会很好奇吧，火星距离地球那么远，“火星车”又不会自己思考，那么它到底是怎样独自完成探险工作的呢？

要知道，“火星车”其实不是我们常说的那种四个轮子的车，它的“脑袋”也不是汽车那样的

发动机，而是一台精密的计算机，就藏在它的身体内部；火星车的“颈”和“头”是从其身体伸出的一个桅杆式装置，距离车轮底部的高度大约为1.4米；在这个装置上面安装有两台可以拍摄火星表面彩色照片的全景式照相机，这就是火星车的“眼睛”了，有了这对“眼睛”，当火星车站在火星表面的时候，还真的可以像人一样环视四周呢，不过它自己不知道看见了什么，在地面站工作的科学家才是接收视觉信号的人；火星车的“手臂”也非常灵活，能够随意弯曲、转动，上面还带有多种工具，如类似于地质学家用的放大镜和锤子，用这些工具可以对火星上的岩石进行详细的考察；当火星车发现值得探测的目标时，它会用自己的多个轮子或履带等当“腿”，

“跑”到目标面前，然后伸出“手臂”进行考察，同时用“眼睛”看着考察过程，这样科学家就跟自己亲自到达了火星一样。

不过，要知道，火星上的环境极其恶劣，空气非常稀薄，还经常会出现沙尘暴，平均温度为零下27℃，一般的车辆在火星上是肯定开不动的。“火星车”有什么秘密武器可以让自己来去自如呢？原来它身上装有一组强大的电动机，各电动机的分工不同，有的负责驱动轮子或者履带，推动火星车前进；有的负责移动火星车的摄像机和天线，以便火星车能够灵活地查看周围的环境；有的负责碾碎挡在路上的岩石，为它前进铺平道路。这些电动机都是经过科学家精心设计的，能够在低温下工作，而且密封得非常好，能够防止火星表面上的灰尘进入而损坏电动机。为了应付低温环境，这些电动机还有一个能给自己加温“取暖”的功能呢！在寒冷的天气情况下，火星车就会展开一个像餐桌一样大小的太阳能板，用来收集阳光，为电动机供电。凭着这样精密的设计，火星车在理想情况下，每天最多可在火星上漫步 20 米。

不要小看这 20 米的距离，它跨越了时间和空间，可以说，火星车迈出的每一步，都是科学家们杰出工作的结晶，代表了人类最高水平的科学技术。

芝麻告诉你

已知火星车的正常工作时间是 92 天。不过美国研制出一台工作能力非常强的火星车，它就是“勇气号”。“勇气号”预计科学考察时间为 90 天，实际考察时间已经从 2004 年成功着陆，持续到了 2010 年。它为人类对火星的探索做出了重大贡献。

现在，我要考考你们：“勇气号”还有一个孪生兄弟，你知道是哪一个吗？

A. 机遇号　B. 索杰纳号　C. 好奇号　D. 奥德赛号

人能像动物一样冬眠吗?

俗话说“睡不醒的冬三月”。每到冬天，芝麻我就哈欠连天，恨不得睡上三天三夜。外面冷风呼啸，屋里却很温暖。有时候我就想，人能像动物一样冬眠吗？如果能，那就太好啦！

每到冬天，青蛙、刺猬、蝙蝠等小动物们就会开始漫长的冬眠生活，它们会提前找好温暖的山洞或者地洞，一头钻进去，不吃不喝，天天睡觉，从而躲过寒冷的冬天。可能有人会琢磨，为啥人不能冬眠呢？要是一到冬天，人也冬眠了，不就不用担心外面刮风下雪，也不用上学上班了吗？

还别说，有这种“偷懒”念头的，还真的包括一些一直在研究人类冬眠的科学家呢！最近，美国科学家研制出了人工“冬眠”技术，通过让老鼠闻一种像臭鸡蛋味道的硫化氢气体，使老鼠进入假冬眠状态。老鼠原来每分钟呼吸 150 次，但当它们进入假冬眠状态时，体温就降到了 15℃，每分钟只有两次浅浅的呼吸。当这些陷入深深睡眠的老鼠被置入新鲜空气中再度苏醒后，它们

看上去没有任何问题，身体机能也没有受到不良影响。科学家们相信，这种冬眠技术如果能够完善的话，也许有一天，也可以用在人类身上。

可是，真正的冬眠是一件非常特殊的事情，并不是睡着了就行的。冬眠的时候动物们的体温会降到极低，它们的新陈代谢、氧气需求和呼吸也会减少。动物们进入这种状态是为了安全避开长时间的恶劣环境，比如说食物和水的缺乏或者极低的温度，而人类没有这样的生理需求，在自然状态下是无法自主产生冬眠行为的。

但是，在极端条件下，人类也能“冬眠”。2006 年 10 月，一名日本男子在登山时失踪，在没有进食和饮水的情况下存活了 24 天，被医生称作进入了“冬眠”状态。无独有偶，还有一名掉入冰水中的挪威滑雪者，当被救援人员发现后，他竟然成功地从没有心跳、呼吸，而且体温只有 13.8℃的状态中苏醒过来（人的正常体温是 36 ~ 37℃）。美国外科医生哈桑·阿拉姆表示，如果将一种科学研制的特殊溶液注射到严重受伤的病人体内，就可以快速地使其体温从 37℃降到 10℃，从而减缓人体新陈代谢的速度，延迟休克的发生，并能够缩小伤口对人体的伤害程度。但是，目前这项被称作“诱导式冬眠”的实验仅仅处于起步阶段，科学家们还在研究它。

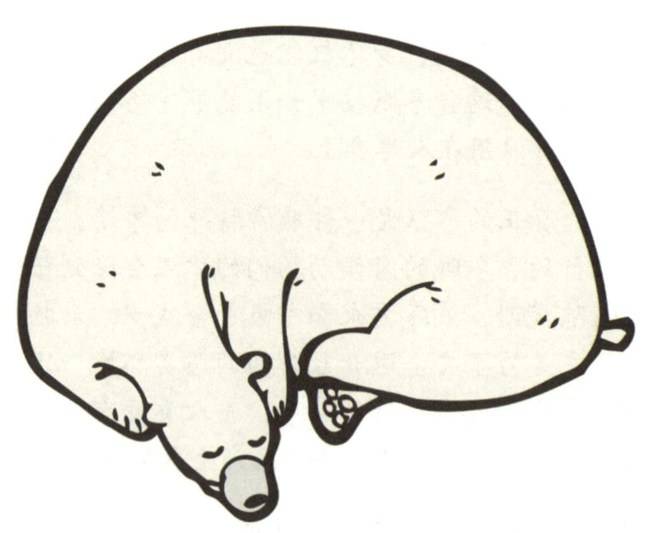

如果“冬眠”技术真的能够在人类身上实现，这将会是一件非常有意义的事情，医生们可以将那些急需进行器官移植的重病患者或有生命危险的病人先“冬眠”起来，从而为抢救赢得更多的时间。为了实现这个远大目标，将有很多很多的科学家投身到人类冬眠现象的研究中，现在正在读书的你，也许将来有一天也会参与进来。

芝麻告诉你

还有一种与“冬眠”技术很相似的技术，那就是“冷冻人”技术——将人体在零下几十摄氏度的温度下速冻，然后恢复到零下20℃并长期保存。由于是速冻，人体细胞内不会形成大块的冰凌，所以能够保持细胞的完整。这具人体可以一直放到将来，等医学发达后，再完成解冻和恢复生命。不过，目前这也只是一种梦想，还不能实现。

现在，我要考考你们：“冬眠”技术和“冷冻人”技术在研究中采用了一种相似的实验手段，你知道是什么吗？

A. 催眠　　B. 冰冻　　C. 高温　　D. 低温

答案

第004页问题答案：B

第007页问题答案：A

第010页问题答案：B

第013页问题答案：C

第016页问题答案： B

第019页问题答案：A

第023页问题答案：D

第027页问题答案：C

第031页问题答案：C

第036页问题答案：A

第039页问题答案：D

第042页问题答案：C

第045页问题答案：A

第048页问题答案：A

第052页问题答案：D

第055页问题答案：D

第058页问题答案：B

第064页问题答案：A

第068页问题答案：A

第071页问题答案：C

第075页问题答案：A

第078页问题答案：B

第081页问题答案：C

第085页问题答案：C

第091页问题答案：D

第094页问题答案：D

第097页问题答案：D

第099页问题答案：C

第102页问题答案：A

第106页问题答案：B

第109页问题答案：B

第114页问题答案：B

第117页问题答案：D

第120页问题答案：C

第123页问题答案：C

第129页问题答案：B

第132页问题答案：C

第135页问题答案：D

第139页问题答案：A

第143页问题 答案：D

芝麻将带你走进奥妙无穷的神奇世界！探索未知就是开拓未来！你的脑海里有多少个小问号？大千世界有多少不明白？赶快到芝麻的科学宝库里找找吧！

——中央电视台少儿频道主持人　小鹿姐姐

小时候我和身边的许多小伙伴都有当科学家的梦想，但总找不到探索科学的途径和方法。我的好朋友芝麻为今天的小朋友领航："芝麻开门"是一句神奇的咒语，一档神奇的电视节目，更是一本神奇的百科全书！

——中央电视台少儿频道主持人　周洲

芝麻虽小，但力量无穷。感谢芝麻为孩子的心灵打开一扇智慧之门。

——中央电视台少儿频道主持人　月亮姐姐

只有不畏攀登，不怕巨浪，才能登上高山，深入水底，找到科学的真理。请小朋友们跟随芝麻畅游在科学的世界里吧！

——中央电视台少儿频道主持人　金豆

觉得科学知识枯燥难懂吗？快来看《芝麻的科学书》吧！芝麻把科学知识变得简单有趣，让你爱上科学，成为小小科学家！

——中央电视台少儿频道主持人　杜悦

说一句"芝麻开门"吧，有无限惊喜等着你！芝麻的科学书，让科学变得好好玩！还等什么，赶快和芝麻一起探索科学的奥秘吧！

——中央电视台少儿频道主持人　阳光姐姐

很多事情，乍看上去就像芝麻的头发一样一团乱麻，没有头绪。但是，只要你用眼睛观察，用手实践，用心感受，你就会发现其中的规律，让我们记住那句密语"芝麻，芝麻，开门吧"！

——中央电视台少儿频道主持人　小时

芝麻爱大家，科学实验天天夸。孩子喜欢家长乐，学习知识有办法。

实验虽小道理大，出书总结最奥妙。生活之中切莫要，丢了西瓜捡芝麻。

——中央电视台少儿频道主持人　哆来咪

科学泡泡，动手动脑。芝麻开门，探索奥妙。

——中央电视台少儿频道主持人　红果果和绿泡泡

想推开科学的大门？打开这本书然后高呼“芝麻开门”吧！

——中央电视台少儿频道主持人　黄炜

让生活变得科学，让科学融入生活。我们爱芝麻，芝麻爱科学。

——中央电视台少儿频道主持人　毛毛虫

爆炸头的芝麻，博学、机智、顽皮、可爱，他亲身体验，亲手完成无数有趣的科学实验。想和芝麻一起玩科学？那就快说“芝麻开门”吧！

——中央电视台少儿频道主持人　徐柳

芝麻芝麻真神奇，大大脑袋智慧多；众多动物来聚会，芝麻机智答疑惑；大象小马该吃啥，猩猩猴子如何分；不用去找老师问，芝麻这就告诉你。快加入芝麻的科学派对吧！

——中央电视台少儿频道主持人　陈怡姐姐

更多精彩阅读

芝麻科学探险解谜系列**惊喜来袭**！

这里有让孩子脑洞大开的**科学元素**和**科学知识**；

有惊险刺激、悬念迭生的**科学探险故事**；

还有开阔视野、增长见识的**烧脑谜题**……

快来跟少年芝麻一起体验神秘的科学探险之旅吧！

真相在**召唤**！

神秘地图（1）：草原王国的守望者　神秘地图（2）：潜水艇上的法老王

神秘地图（3）：始皇陵中的永生石　神秘地图（4）：雨林神殿的隐形人

神秘地图（5）：远古巨龙的咆哮声　神秘地图（6）：翡翠岛上的机械师

神秘地图（7）：彩虹山谷的暗影侠　神秘地图（8）：塔斯马尼亚的恶魔

神秘地图（9）：雪域高原的狼图腾　神秘地图（10）：地心溶洞的凤凰劫

一张神秘地图的召唤，崇尚科学、喜欢探险、勇于挑战的少年芝麻——麻哥和小伙伴们踏上了危机四伏、惊心动魄的科学探险之路，穿越草原王国、潜入黑暗海底、揭示永生之谜、探秘神奇雨林、历险恐龙世界、勇闯遗失海岛、深入蛮荒山谷、冒险世界尽头、奔赴雪域高原、涉险地心溶洞……他们依靠不凡的想象力和一往无前的勇气，辅以科学的神奇力量，不断战胜大自然的险恶环境，与暗藏的黑暗反派斗智斗勇……